编委会

主　任

　　相　炎

副主任

　　朱依东　陈长林　谢佐君　欧阳睿　曹　源

　　张　广　唐文武　华建文

编　委

　　夏　冰　谢　芳　王　依　朱晋苏　熊繁荣

主　编

　　顾　雷

副主编

　　张日金

姑苏百年老校

（姑苏文史资料第一辑）

苏州市姑苏区政协文史委员会 编

古吴轩出版社

中国·苏州

图书在版编目（CIP）数据

姑苏百年老校 / 苏州市姑苏区政协文史委员会编. —
苏州：古吴轩出版社，2018.9
    ISBN 978-7-5546-1219-4

    Ⅰ.①姑… Ⅱ.①苏… Ⅲ.①地方教育—教育史—史
料—苏州 Ⅳ.①G527.533

    中国版本图书馆CIP数据核字（2018）第196664号

责任编辑：鲁林林
装帧设计：周　丹
责任校对：孙佳颖

书　　　名：**姑苏百年老校**
编　　　者：**苏州市姑苏区政协文史委员会**
出 版 发 行：**古吴轩出版社**
　　　　　　地址：苏州市十梓街458号　　邮编：215006
　　　　　　Http://www.guwuxuancbs.com　　E-mail:gwxcbs@126.com
　　　　　　电话：0512-65233679　　传真：0512-65220750
出 版 人：**钱经纬**
印　　　刷：**苏州市越洋印刷有限公司**
开　　　本：**787×1092　1 / 16**
印　　　张：**17**
版　　　次：**2018年9月第1版　第1次印刷**
书　　　号：**ISBN 978-7-5546-1219-4**
定　　　价：**66.00元**

如有印装质量问题，请与印刷厂联系。0512-68180628

序

相炎　姑苏区政协主席

苏州是人文礼仪之邦，向来具有崇教尚文的传统。作为苏州核心的姑苏区，历代先贤名士在此办学育人。唐大历九年（774），县令王纲在文庙右边设馆以训生徒。入宋以后，不仅有府学、县学，而且书院、义学林立，特别是范仲淹创办府学更是为人所称道。清康熙五十二年（1713），江苏巡抚都御史张伯行在城内创立紫阳书院。乾隆八年（1743），苏州知府觉罗雅尔哈善在城中心皇废基和阊、胥、盘、娄、齐、葑六门置七所社学。纵观苏州的文化教育事业，成果卓著。据不完全统计，历史上先后有36名文科状元、1500多名进士出自苏州，当代苏州籍的两院院士达111名。

进入20世纪，科举制度废除，姑苏办学之风更为兴盛。许多新式小学堂纷纷开办，很多近现代名人都从这里开始他们的求学之路。随着区划调整，三区合并后姑苏区现有小学46所，特殊教育学校1所，幼儿园64所，2017年统计在校学生73288名，教育现代化水平在全市处于领先水平。

如今，姑苏区区域范围内共有苏州市实验小学、新苏师范附属小学、苏州市平江实验学校、苏州市沧浪实验小学等近 20 所百年历史的小学校，不仅承载着深厚的历史文化底蕴，更是姑苏百年教育的一个缩影。为展示它们的历史发展轨迹，再现重大事件及重要人物的光彩，突显学校发展的特色与亮点，给予未来教育工作以启发与动力，二届区政协于 2017 年初正式启动《姑苏百年老校》一书的编撰工作，广泛收集资料，采访记录老校长、老教师、老校友及相关人士的回忆。

这本《姑苏百年老校》，就是一部姑苏区"活的教育史"。每所学校按照"综述""口述"两个板块介绍，重点突出，可读性强。"综述"部分重点阐述了学校概况、办学历程、历史人物等，勾勒出学校发展的变迁，从中可以看到，学校的文脉是如何传承、学校的历史是如何延续、学校的精神是如何发扬的。

最让人感兴趣的是"口述"部分。这些百年老校，原来的校舍大都已经荡然无存，原来的校歌校训也大都发生变化，而不变的是这些百年老校的灵魂，都蕴藏在这些学校所发生的故事中。

《姑苏百年老校》的出版是对历史的敬畏、对精神的传承、对后生的勉励。希望姑苏百年老校都能以"百年"为新的起点，努力服务于现代教育事业，为姑苏教育奏响新的乐章。

目录

（以学校创办时间先后为序，
同一年创办的学校以校名笔画笔顺为序）

序 / 相炎

苏州市平江实验学校

夏冰

苏州市平江实验学校坐落于苏州古城东隅，南临干将路，西依平江河，北靠郏长巷，东傍蕴秀苑。这是数百年文脉传承之地——苏州古代三大学宫之长洲县学所在地。历史可追溯到南宋咸淳元年（1265），长洲县学始建于旧学前，明代嘉靖二十年（1541）官府利用寺产，修建学舍、考棚，迁至新学前今址，其规模仅次于苏州府学。至清雍正年间，增置元和县，清雍正三年（1725）县学更名为长洲元和县学（简称长元县学）。明代画家文徵明、状元文震孟，清代状元陆元文（徐元文）、韩菼、彭定求、陆肯堂、陈初哲、钱棨、吴廷琛、陆润庠，经学家惠栋，民国教育总长张一麐等人，都是长洲元和县学走出来的佼佼者。

1905年清政府取消科举，兴办新学，江苏巡抚陆元鼎请地方名士章钰主持，在县学西廊开办"官立初等小学堂第五校"，翌年再在县学东廊开办"官立初等小学堂第十三校"，以传承原来的县学。学校名称时有更迭，然而教育之薪火却始终在这片土地上代代相传。1926年，胡绳（原名项志逖）便就读于此。1951年，学校更名为"平江中心小学校"。1958年，学校定名为"苏州市平江区实验小学校"。

而原县学东面，1933 年由王季常（振华女校创始人王谢长达之女）出资创办"私立安定初级商科职业学校"，1936 年正式立案。1950 年，市政府将"私立安定初级商科职业学校"与位于唐家巷读书湾的"私立实用初级商科职业学校"合并，成立"苏州市五一技术学校"。后经多次变更，1970 年被市教育局排序定名为"苏州市第十一中学"。

1998 年，在苏州市副市长朱永新倡议下，经市教育局与平江区政府协商研究，决定让"平江实验小学"与"苏州市第十一中学"这两所文脉相通、一墙之隔的学校破墙合并，建立苏州第一所公办九年一贯制实验学校，定名为"苏州平江实验学校"。至此，数百年教育历史在这里交汇，这片文脉绵延的土地奏响了新时代的教育乐章。2014 年，初中部撤销，而校名不变。2015 年 12 月，为纪念"县学 750 周年，新学 110 周年"，学校举行了隆重的校庆盛典。学宫簧舍遍植银杏，大成殿与十八株古银杏相映成辉，成为校园一景。

截止到 2017 年 12 月，苏州市平江实验学校有在职教师 152 人，在校生 2522 人。其中，省特级教师 1 人，省人民教育家培养对象 1 人，省"333

工程"培养对象 1 人，省名师 1 人，市特级校长 1 人，市教育名家 1 人，市领军人才 1 人，市首届青年拔尖人才 2 人，市名校长 2 人，市名教师 1 人，市学科带头人和学术带头人 8 人，市双十佳 6 人，区学科带头人 41 人。

2012—2017 年度学校所获省级以上主要荣誉一览表

时间	荣誉称号	发证单位	级别
2012.11	《百年文脉 十载回眸》获第九届中国中小学校园电视节目金奖	中央电化教育馆 中国教育电视协会	国家级
2013.12	德育示范基地学校	中国教育科学研究院 德育教育研究中心	国家级
2015.6	全国少先队基本知识学习实践好活动	全国少工委办公室	国家级
2015.10	第八届海峡两岸合唱节童声组金奖	中国音乐家协会	国家级
2015.10	全国优秀陶研学校	中国陶行知研究会	国家级

续表

时间	荣誉称号	发证单位	级别
2016.5	全国学生营养与健康示范学校	中国学生营养与健康促进会 中国关心下一代工作委员会	国家级
2016.12	2016 年全国中小学校园电视优秀节目评选一等奖	中央电化教育馆	国家级
2017.8	第三十二届全国青少年科技创新大赛二等奖	中国科学技术协会 教育部 科技部	国家级
2017.12	第十四届全国中小学校园影视校园专题评比一等奖	中国教育电视协会 中央电化教育馆	国家级
2012.1	2006—2010 年全省教育系统法制宣传教育先进单位	江苏省委宣传部 江苏省司法厅 江苏省教育厅	省级
2012.8	江苏省数字化学习试点学校	江苏省教育厅	省级
2012.12	江苏省消防安全教育示范学校	江苏省教育厅 江苏省公安厅	省级
2013.10	2010—2012 年江苏省文明单位	江苏省精神文明建设指导委员会	省级
2013.12	"双轨制艺术素质教学模式"获江苏省教学成果奖（基础教育类）二等奖	江苏省教育厅	省级
2014.7	新教育实验学校	新教育研究院	省级
2015.7	江苏省少年儿童羽毛球训练营团队优胜奖	江苏省体育局 江苏省教育厅	省级
2015.9	江苏省第五届中小学生艺术展演活动小学甲组特等奖	江苏省教育厅	省级
2015.10	《儿童艺术核心素养的探究与实践》成为江苏省首批前瞻性教学实验改革项目	江苏省教育厅	省级
2015.12	校园景观被评为 2015 年度苏派名校最美校园景观	《江苏教育》编辑部 苏派教育研究中心	省级

时间	荣誉称号	发证单位	级别
2015.12	江苏省优秀少先队集体	共青团江苏省委 江苏省教育厅 江苏省少工委	省级
2016.4	江苏省健康促进金牌学校	江苏省教育厅	省级
2016.6	江苏省教育工作先进集体	江苏省教育厅 中共江苏省委教育工委	省级
2016.9	江苏省文明校园	江苏省精神文明建设指导委员会	省级
2017.3	江苏省健康单位	江苏省爱国卫生运动委员会	省级
2017.3	"传统文化与中小学古诗文教学研究"项目基地校	江苏省中小学教学研究室	省级
2017.4	"教为不教"叶圣陶教育思想区域推广项目示范校	江苏省教育科学规划领导小组办公室 江苏省叶圣陶教育思想研究所	省级
2017.5	第28届江苏省青少年科技创新大赛一等奖	江苏省科学技术协会 江苏省教育厅 江苏省科技厅	省级
2017.9	《传承、发展与创新："苏式学校"文化育人范式的探索与实践》获江苏省教学成果奖特等奖	江苏省人民政府	省级

校名沿革一览表

年份	校名
1905	官立初等小学堂第五校
1912	苏州市立南区第一初等小学校
1915	苏州市立南区第一国民学校
1923	苏州市立第七初级小学
1926	苏州市第一完全小学校
1927	吴县县立平江小学校

续表

年份	校名
1946	吴县长虹钟楼中心国民学校
1947	吴县东吴镇第一中心国民学校
1949	苏州市立平江中心国民学校
1951	苏州市平江中心小学
1958	苏州市平江区实验小学
1969	大寨小学
1972	苏州市东风区实验小学
1978	苏州市平江区实验小学
1998	苏州市平江实验学校

章钰

平江书院

华人德先生题大成殿后"腾蛟起凤"木屏风

历任校长一览表（1905—2017）

任职时间	姓名	备注
1905—1907	章钰	总理
1908—1911	孔昭晋	总理
1912—1914.12	胡玉骐（社襄）	
1915—1916	汪寿永（仁侯）	
1916—1920.2	陶惟垂（雲叔）	
1920—1931	颜振金（亚伟）	
1931—1937	蒋绶荣（组若）	
1938.8—1940.8	顾锺英（锦秋）	
1940.9—1946	蒋绶荣（组若）	
1946.2—1951	黄达英（滌之）	
1951.7—1958.8	朱宝珍	
1958.9—1965.8	曹素珏	
1965.9—1968	戈德正	
1968—1975.10	吴寿芝	校革委会主任
1975—1977	居淑英	校革委会主任
1977—1983.8	凌菊珍	
1983.9—1984.2	袁以新	
1984.2—1985.8	邓蘅仪	
1985.8—1986.8	凌菊珍	
1986.8—1990.8	张德驹	
1990.8—1994.12	周元泉	
1994.12—1999.9	尤慕兰	
1999—2004	沈建中	
2004.8—2011.8	吕荣	
2011.8—	潘娜	

专访苏州市平江实验学校退休教师惠桦

口述者：惠桦
访录整理：夏冰
访谈时间：2018 年 1 月 24 日
访谈地点：长盛花园惠家

问：请介绍一下您个人的基本情况。

答：我 1940 年 7 月生于苏州，1960 年从苏州市第一中学高中毕业。

问：您何时参加工作的？

答：我高中毕业的当年，10 月 10 日，进入蒲林巷小学当老师。

问：您当时教什么课？

答：语文、数学等，样样都要教的。

问：之后的情况呢？

答：1963 年，我调入长江五金厂校，担任负责人。不久，该校改为民联民办小学，我依然是负责人，当时不称校长。1966 年，我调到善耕小学，担任辅导区教导工作，并在小学教语文课。1976 年，创办平江区少年宫，我担任宫务主任。后来我又回到善耕小学，后又被派至穆光小学做教导主任。

问：您什么时候调入平江实验小学的呢？

答：我在穆光小学待了一年多，就调任平江实验小学副教导了，是 20 世纪 80 年代了，具体时间忘记了。我调入平江实验小学的时候，凌菊珍是书记，张德驹是校长。

问：您是怎么调入平江实验小学的？

答：是平江实验小学书记凌菊珍点名要我去平江实验小学从事少先队工作的。凌菊珍原是善耕小学的书记，她知道我从事少先队工作比较有经验，因为我在穆光小学时就担任了苏州市少先队总辅导员，这在全国也是首创。

问：刚到平江实验小学，您有什么印象深刻的记忆？

答：我记得刚到平江实验小学时我是教数学课，第一次家访是到相门城根沿护城河的一位学生家。由于这里是棚户区，房屋低矮，晚上光线不好，我又是近视眼，一不小心额头就撞到屋面伸出来的细竹竿上，血都出来了，家长见状立马用一把香灰帮我止血，效果还不错，马上就止血了，但额头上的疤痕一直留到了现在。

问：平江小学作为实验小学，当时有什么与众不同的地方？

答：我刚到平江小学时，全国在试点拼音字母识字教育工作，平江小学就是试点学校之一，由当时的教导主任王莲芬主持这项工作。

问：您在平江实验小学是怎样开展少先队工作的？

答：我将少先队教育活动与国际红十字青少年教育活动结合起来，红领巾与红十字"两红"结合开展教育活动，取得良好的效果。为此，我去北京参加全国红十字代表大会时，还在会上专门介绍了"两红"结合的工作经验。

问：平江实验小学是不是一直很受家长青睐？

答：我到该校担任副教导四五年时间后，升任教导主任，负责招生工作。招生那天的上午，学校里很少有人来报名，我就跑到平江路上去观望，看见大儒小学的报名队伍都排到平江路上来了。等大儒小学的新生名额报满了，下午才会有没在大儒报上名的家长陆续来我校报名。可见当时，平江实验小学是不如大儒小学吃香的。

问：这种情形到什么时候才发生改变？

答：到周元泉担任校长时，平江实验小学就翻身了。那时候，平江实验小学的毕业生60%—70%都考取了苏州中学，其余大都考取了十中、一中，家长非常满意。为了表示感谢，家长们请所有毕业班老师在松鹤楼吃饭，名为谢师宴，这在当时的苏城，也是开风气之先的。名气响了，来报名的新生自然就多了，当时一年级发展到 6 个班，其中有 2 个重点班。教室装了电风扇，经费不够，就先向家长借款，每位 10 元，开具借条，等学生毕业时凭借条还款。这在当时苏州各小学中，也是创举。

问：周校长离任以后呢？

答：周校长后来去平江区教育局担任局长了，尤慕兰接任校长。尤校长对老师的要求较高，无论男女教师，上班都不准化妆，不准佩戴项链、戒指等首饰。在尤校长任上，平江实验小学与隔壁的十一中合并，组建平江实验学校，单独设置德育室，我担任德育室主任。2000 年，我与尤校长一起退休。

问：您退休之后还继续发挥余热么？

答：我退休之后，被平江实验学校聘为顾问，在德育方面发挥一些余热，是在沈建中、吕荣两位担任校长期间。之后，潘娜担任平江实验学校校长，我就主动提出来不担任学校顾问了，因为潘娜校长本人就是德育的特级教师。在潘娜校长任上，学校举办了新学 110 周年校庆，校容校貌焕然一新，令人欣慰。

问：作为一名资深的教育工作者，您获得过很多荣誉吧？

答：是的，我得到过很多荣誉，让我记忆深刻的是 2012 年教师节那天，平江区领导授予我对平江区教育的突出贡献奖，全区仅此一位，这是组织上对我工作的肯定，也体现了陆丽瑾局长对我这位老教师的关心。

专访苏州市平江实验小学 1989 届毕业生华昊

口述者：华昊

访录整理：夏冰

访谈时间：2018 年 3 月 31 日

访谈地点：苏州市吴中区木渎镇日高花园

问：您当时家住哪里？是不是就近读的平江实验小学？

答：我小学低年级的时候和外公外婆住在东环路西侧的陆家村，不是就近入学，属于择校生。后来妈妈单位分配了钟楼新村的房子，离平江实小就很近了，每天都是和同学们一起步行上下学，不过到小学高年级时我家又搬到了南环新村，每天早上爸爸骑自行车送我上学，我都坐在爸爸自行车前面的横杆上。我读初中后，有一个隔壁班的同学告诉我，那时候每天早上她都能看到我坐在爸爸自行车前面，她心里还在想，这个人那么大了怎么还坐在前面，好奇怪啊。

问：您是哪一年进平江实验小学学习的，哪一年毕业？

答：我是 1983 年进平江实小学习的，1989 年毕业。我是 1976 年 7 月出生的，按年龄应该要提前一年读小学。但是因为家里觉得平江实小很好，所以就要择校入学。为了等待学额，我整整延迟了一年才入学，所以在班上我应该是年龄最大的。

问：您在学校时，校长是谁？班主任是哪位？留给您怎样的记忆？

答：校长好像是张德驹。低年级时候的班主任叫郭一萍，中高年级时候的班主任叫王亭。我的成绩在小学低年级的时候很普通，后来慢慢变得比较好，高年级的时候还担任了副班长，是我迄今为止当过的级别最大的领导了。王老师很喜欢我，课余教我摄影，高年级时因为中午回家吃饭不方便，他还把教工食堂的饭卡借给我，我就可以在学校食堂吃教工餐了。

问：在学校时，对其他老师有否深刻印象或难忘的故事？

答：高年级时候的数学老师是成慧珠老师，那时候我数学不错，但我总觉得成老师对我有点严厉，所以感觉不太亲近。有一次我收取一项班费时，不知为何少了 3 块多钱，那时候觉得很害怕，也不敢和家长说，成老师知道后就安慰我，还把我叫到办公室，替我补上了缺的钱，我非常感激她，毕业后还和同学一起回校看望过王老师和成老师。

问：小学时您最喜欢的课程是哪几门？

答：我最喜欢的课程是语文课，特别是到中高年级时，当时班主任王亭老师就是语文老师，因为喜欢老师，所以也更喜欢语文课了，这种偏好一直影响到初高中时期。我很骄傲的是高考语文我基本在课外都没有复习，但是考了很好的分数。小学五、六年级开始的英语课我也挺喜欢的，那时候苏州很少有小学开设英语课，所以等上了初中，和同学们相比，我已经提前学习了两年，就有比较明显的优势，学习起来感觉是比较轻松的，也会有学习的信心。

问：在学校时，有没有关系密切的同学？至今还有联系吗？

答：我们有小学同学的微信群，在朋友圈常常能分享彼此日常生活的点点滴滴，也有过数次聚会。很奇怪的是即使见面不多，但是只要聚在一起，就完全没有陌生感，我们有说不完的话，每次相聚，都会激活很多自己觉得早已忘记的种种回忆，这种很纯粹的同学情谊是我人生中非常珍贵的东西。我最好的闺蜜就是小学同学，她的女儿叫我阿姨妈妈，我们的来往很密切，基本上一个多月都会碰一次头。

问：小学是人生的启蒙阶段，也是人生的成长期，给您人生带来的收获有哪些？

答：我觉得小学时候那种很单纯的快乐是值得我一生去慢慢品味的，这种乐观的精神状态让我受益匪浅。校园里有很多高大的银杏树，每到初秋，满目金黄色的银杏叶，让校园变得很梦幻，我迄今还记得放了学，在静静的校园中，我拿着王老师借给我的相机，捕捉各种不易察觉的美好，那种感觉很幸福。还有就是好的老师总是善于启发学生。我记得上语文课，大家都很踊跃地举手发言，甚至最后一排的同学都是举着手，一直从最后一排冲到第一排，这种景象我在之后好像再也没有遇到过。善于发现问题，善于多角度思考，善于解决问题，我觉得这是我在小学阶段很大的收获。

苏州市沧浪实验小学校

王馨荣

苏州市沧浪实验小学校前身之一为苏州市天赐庄小学校，由美国基督教监理公会于 1902 年创办，最先名为景海女学，首任校长是美国人贝厚德（Martha E·Pyle）。1917 年改办女子师范，附设小学。20 世纪 30 年代，附属小学名为私立景海女子师范学校实验小学校，先后由蒋琳瑜、周尚志、卫楚材、陈夏素秋、俞素青等人担任附属小学主任。1949 年 4 月，小学改名为私立景海女子师范学校附属小学。1951 年 8 月学校转为公办，小学更名为苏南苏州幼稚师范学校附属小学。1952 年 7 月，小学改名为江苏师范学院附属小学。1956 年 9 月附属小学与江苏师范学院脱钩，改名为苏州市天赐庄小学校。

苏州市沧浪实验小学校前身之二为苏州市振华小学校，创办于 1906 年，最先名为私立振华女子两等小学堂，王谢长达担任校长，胡蒋振懦为副校长。1926 年 10 月，由王谢长达的三女儿王季玉接任校长，改名为振华女学，分设中学部、小学部。小学部设主任，先后由陈俊珠、杨若枬、杨立人、顾耀晨等担任。王氏母女创办学校，旨在培养有用人才，振兴中华。学校以"诚、朴、仁、德"为校训，重视品德教育，以"质量立校"为方针，教学管理严格。1949年后，振华女学的中学部、小学部分办，脱离隶属关系。1950年8月，小学部改为苏州市私立振华小学校。1956年暑假，学校由人民政府接办，成为公立学校，命名为苏州市振华小学校。

1958年2月，苏州市天赐庄小学校与苏州市振华小学校合并后，定名为苏州市沧浪小学校，校长张锦铸。之后，校名及主要负责人屡有更迭。

苏州市沧浪实验小学校，历经百年沧桑，校舍亦几经变迁。天赐庄小学校原在江苏师范学院校舍内部，1957年江苏师范学院因建设与发展需要，愿意觅地出钱建校同天赐庄小学校交换。这时，原振华校长王季玉闻讯，提出愿献出东小桥下塘16号王氏空地，并要求将振华与天赐庄两所小学校合并建校。于是双方达成协议：由江苏师范学院出资6万余元，王季玉出地10余亩，破土建造教学楼2层1幢、办公楼2层1幢、大礼堂1幢，当年竣工，面积共2144平方米。1958年2月，振华与天赐庄两所小学校合并迁入新校址。

苏州市沧浪实验小学校，历经几代人的砥砺奋进，积淀了优秀的教育思想、管理理念、办学风格、教学精髓；以"教育要面向世界，面向未来，面向现代化"为方针，以"创一流教育质量，办一流示范学校"为目标，端正教育思想，更新教育观念，努力实现由应试教育向素质教育转轨；发展成为省级实验小学、全国青少年礼仪教育示范基地、江苏省基础教育课程改革先进集体等。

苏州市沧浪实验小学校，现占地2万多平方米，含53个教学班，在校生2200多人。学校以名师引领、骨干支撑、群体优化促进教师队伍建设。现有高级教师3人，一级教师100多人。近年来，在全国优秀教师陈敏的领衔下，学校共有223人次获区级以上各类荣誉称号；在省人民教育家培养对象叶莲芳的带领下，学校目前拥有市学科带头人6人，区学科带头人41人，高层次骨干人才（含区教坛新苗）占教师总人数的54%，其中名校长（名教师）1名、全国优秀教师2名。

一百多年来，苏州市沧浪实验小学校毕业生中涌现出一大批活跃在各个历史阶段、社会不同领域的知名人物。如社会学家费孝通，中国科学院

1946 年景海小学学生合影

资深院士何泽慧，中国科学院院士王守武、王守觉，国家体育总局局长袁伟民，羽毛球奥运冠军张军等。

苏州市天赐庄小学校历任校长一览表（1902—1958）

年份	姓名	备注
1902	贝厚德	景海女学校长
1917	亮美兰	私立景海女子师范学校校长
1918	盖培德	私立景海女子师范学校校长
1927—1951	江贵雲	私立景海女子师范学校校长
1951—1956	范毓秀	
1956—1958	张锦铸	

苏州市振华小学校历任校长一览表（1906—1958）

年份	姓名	备注
1906	王谢长达	
1926	王季玉	振华女学校长
1950—1956	顾耀晨	
	高荣康	
	方含英	
1956—1958	顾华英	

苏州市沧浪实验小学校校名沿革一览表

时间	校名
1958.2	苏州市沧浪小学校
1959.9	苏州市沧浪区实验小学校
1962.2	江苏省新苏师范学校附属第二小学
1963.9	苏州市沧浪区实验小学校
1968.9	苏州市培红小学
1973.1	苏州市红旗区实验小学
1979.11	苏州市沧浪区实验小学校
2013.4	苏州市沧浪实验小学校

苏州市沧浪实验小学校历任校长一览表（1958—2017）

任职时间	姓名	备注
1958—1960	张锦铸	
1960—1965	周顺芳	
1965.8—1973.1	张维贤	1968 年后为校革委会主任
1973.1—1974.10	程敏之	校革委会主任
1974.10—1978.7	宋家玲	校革委会主任
1978.7—1981.8		
1981.8—1983.8	季丽南	
1983—1985	陆昊明	

任职时间	姓名	备注
1985—1993.8	夏俊杰	
1993.8—2001.8	钱乃强	
2001.8—2010.8	李建钧	
2010.8—2011.8	金华荣	副校长主持工作
2011.8—2012.4		
2012.4—2017.8	沈俐	
2017.8—	汤岚	

专访苏州市沧浪实验小学校原党支部书记宋协琪

口述者：宋协琪
访录整理：王馨荣
访谈时间：2017 年 11 月 27 日
访谈地点：苏州市十梓街 221 号

问：您是何时进入沧浪实小工作的？

答：我 1974 年从师范毕业进入沧实小工作至退休，从教 38 年，当了 23 年
　　班主任，执教过两轮大循环，送走了一批又一批的学生。

问：您在教育和培养学生的过程中有什么心得？

答：在教育和培养学生的教学过程中，我总是努力用真善美的形象滋润
　　童心，让理想的火焰在孩子们心底燃烧，摒弃长篇大论的说教，用集
　　体的目标营造共振效应，在共同进步、共同发展的集体主义精神激励
　　下，培育真正意义上的优秀班集体。我曾经接手过各种各样的班级，
　　每一届的学生经过我的调教都特别乖巧懂事，不仅成绩优异，而且能
　　力出众，可以这样说，学风优良的班级特别具有一种震撼人心的集体

凝聚力。

问：您的学生对您有何评价？

答：在漫长的教书生涯中，我几乎还能清楚地记得大部分我教过的学生的名字，还能忆起他们像春天的鲜花那样生动的笑颜和读书时的傻事、趣事。同事们说，这就是一种情怀。说来也怪，许多我的老学生又把自己的孩子送到我的门下，他们都说："做宋老师的学生，不仅是幸运的，而且是幸福的。"

问：您执教的百年老校沧浪实小有哪些特色教育？

答：学校特色教育表现在四个方面：细节德育让学校德育有了自己个性化的特质，优教优学的"双优"课堂是质量立校的特征，家校科技表现出的是学生发展的特长，班组文化展示的是校园文化的特色。当然，学校特色教育的呈现，应该是学校教育教学特性的综合体，沧浪实小特色教育有着浓重的地域特点，那就是"崇德博习""优教优学"的特色教育品牌。

问：您作为时任校领导和学科带头人，是如何做好青年教师的传帮带的？

答：为了青年教师的健康成长和岗位成材，我面对面地教，手把手地带，放弃了许多休息时间，仍然无怨无悔。我特别喜欢到一线听课、评课，向广大教师宣讲新课程理念，针对教学中存在的困惑、茫然与问题，我总是和广大教师互相切磋、共同研讨，积极探索与新课程相适应的教学方法和教学手段，鼓励老师大胆实践，勇于创新。刻苦的钻研换来了丰硕的成果：一大批优秀的青年骨干教师脱颖而出，先后获得市级评优课一等奖，多名青年教师分别在市新课程观摩活动、新教材研读活动、五城区会课活动中充分展示教学才华。通过一系列深入有效的活动，学校培养了一批教学业务能力强的语文学科带头人，从不同层面推动了全校教师教学业务水平的历练和提高。我始终坚信：一花独放不是春，万紫千红春满园。看着年轻教师们手捧奖状，我比自己获奖还要高兴和自豪。

专访苏州市沧浪实验小学校 1963 届毕业生钱向东

口述者：钱向东

访录整理：王馨荣

访谈时间：2017 年 12 月 27 日

访谈地点：苏州市人民路 708 号

问：您是哪一年进入沧浪实小读书的？

答：我能与母校沧浪实小结缘，要归功于 20 世纪 50 年代的教育改革、大学系科的调整。1955 年秋，我父亲由南京师范学院数学系工作调动到江苏师范学院，我们随父亲举家搬迁来苏州，住在江苏师院内的教师宿舍。那年我就读于江苏师院附小（后改名天赐庄小学校）幼儿园中班，1957 年 9 月升入天赐庄小学校。当时小学和幼儿园都在江苏师院内。生源主要是师院教职工子女、老博习医院职工子女，还有家住天赐庄、十梓街、望星桥一带的小孩。1958年初新成立沧浪小学校，由天赐庄小学校与振华小学校两校合并而成，一年级下学期我们就上沧浪小学校了。

问：当时新建的沧浪小学校建在什么地方？

答：只记得那是一个全国人民热火朝天搞建设的年代，来自各个单位的职工义务劳动，很快就填平了东小桥下塘的小河，一座崭新的小学校舍在那里拔地而起。后来学校更名为沧浪区实验小学校。

问：据说，你们钱家两代人都与沧浪实小结缘，是吗？

答：是的，我们钱家两代人都与沧浪实小有缘分。在20世纪六七十年代，我们6个兄弟姐妹中有5人毕业于沧浪实小，我的大弟弟在沧浪小学校幼儿园大班升入小学时，因严格的地段被划分到了带城小学校读书（当时我家刚搬到十全街居住）。而到20世纪80年代，他的女儿钱艾琳却成了沧浪实小的学生。2003年，她在北京大学硕士毕业后，考入美国宾夕法尼亚州立大学，获得博士学位。可以说，沧浪实小是我们钱家两代人成长的摇篮。

问：您是从幼儿园升入小学的，您还记得刚上学时的情景吗？

答：记得。回想起小学六年读书期间，我们接受的是真正的素质教育，到现在我们小学同学聚会时都有同感。我们被称为祖国的花朵，老师们是辛勤的园丁。启发式的课堂教育，丰富多彩的课外活动，相互帮助的学习风气，为我们一生的成长打下了坚实的基础。顾美贞老师是我们一年级的班主任。那时我们很幼稚，上课时间从幼儿园的20分钟增加到45分钟，还很不适应。年轻的顾老师耐心地帮助我们适应了从幼儿园到小学的跨越。她教育我们在校内校外都要尊师守纪、尊老爱幼。放学后，顾老师按家庭住址安排我们排队回家，我们同一方向的同学都是手拉着手过马路的。

问：当时您回家作业多不多？同学之间关系如何？

答：当时回家作业不多，好多同学放学后，来到"小队之家"——我家和黄亚倩家的院子里一起做作业，相互默写生词。做完作业，我们玩一会儿捉人游戏，然后一起跳牛皮筋，同学关系非常融洽。我记得小学同学顾敏家大门临街，后门靠河，我曾从她家的堂屋拾级而下，用清澈的河水洗过手。教堂边的曹钦同学家，官太尉桥的滕锦芳同学家，罗家花园的顾军朴、方琍生同学家，还有袁玲玲、盛云霞同学家，我们经常互相串门、聊天玩耍，非常开心。

问：当年你们学外语吗？

答：学啊。三年级有过外语课，记得江苏师院外语系的老师来我校做教学实验，教过我们一个月的外语口语。全班同学分成两部分，一部分学英语，另一部分学俄语。记得教过一些常用的口语，如"他在唱歌，我在读书"等句子。还记得当时非常羡慕学习英语的同学，每堂课都可以"吃糖"，因为老师说"Sit down"（坐下）。

问：在小学读书期间，哪些班主任给您留下深刻印象？

答：我在沧浪实小读书的六年中，共有 3 位班主任，给我留下深刻印象。一年级的班主任顾美贞老师是我的启蒙老师，从人、口、手、马、牛、羊开始，教我们拼音识字。薛瑾老师是我们三、四年级的班主任，还记得在开学第一堂语文课上，薛老师读了我的两篇暑假小作文，我害羞地趴在课桌上，把头埋在胳膊下，红着脸听完老师的分析。听了老师的作文分析，我顿时明白了许多，渐渐开始喜欢写作文了。尤其要感激我们的五、六年级的班主任周云湘老师。她善于发现我们班的人才，因材施教。周老师以身作则，循循善诱，诲人不倦，关爱学生，全班同学热爱学习的氛围非常浓厚。到了 1963 年小学毕业时，我们班上有 11 人考上当时唯一的重点初中——江苏师院附中，还有不少同学考上市一中、一初中等。小升初取得优异成绩，周老师的心血没有白费。印象深刻的老师还有校长周顺芳、大队辅导员尹丹秀和年轻美丽的田利文老师。田老师刚从师范毕业时，带过我们体育课，至今我还记得她那优美的平衡木示范动作，后来她担任我的大妹妹钱继红（季达）的班主任。

问：在小学读书的日子里，您肯定有不少收获，对您今后有什么帮助？

答：在小学读书的六年中，在收获书本知识的同时，思想品德也不断得到了升华。回想起来，在我一生的所有老师中，要数周老师对我帮助最大。她经常鼓励我要自信，重点培养我的能力。她推荐我当了少先队大队长，后来我还当了市队部委员，并有幸参加了一系列市里少先队检阅及给雷锋班送学习成果等重大活动，各方面都得到了锻炼。周老师很信任我，班级里开展歌咏活动，她让我刻钢板、印歌谱，也使我喜欢上了音乐，直到现在我拿起简谱、五线谱都可以唱，业余时间还学了钢琴与古筝，都是那时候打下的基础。周老师亲自给我们示范书法，也为我们打下了良好的基础。近年来，我的书法作品曾多次参展并获奖。周老师讲解的语法知识，我至今记忆犹新，终身受益，在我考大学时也派到用场。1977 年恢复高考，当我从广播里听到消息时，离考试只有 1 个多月了，我赶紧复习数理化，根本没有时间复习语文，全靠中小学打下的扎实基础。考上大学就彻底改变了我的命运，从此我开始了学业与事业的腾飞。对我来说，母校情深，师恩难忘啊！

问：离开母校这么多年，您还到母校看望任课老师吗？同班同学还见面吗？

答：这些年我们曾结伴去看过顾老师、周老师。2013 年 11 月 23 日是一个难忘的日子，我们沧浪实小 63 届甲班 23 位老同学，举办了毕业 50 周年首次聚会。儿时的小伙伴在花甲之年欢聚，紧紧地握手、亲切地问候、滔滔地诉说、激动地流泪，伴随我们度过这短暂而幸福的时光。大家回忆了在沧浪实小度过的金色童年，感慨恩师们对我们的谆谆教导。

问：您离开母校 54 年了，在回眸自己人生道路的同时，您有何感想？

答：自 1963 年我从母校毕业，至今已跨越半个世纪。1963 年 9 月起，我

就读于江苏师院附中。1968 年 12 月，我奔赴当时的昆山县石牌公社南北大队第四生产队插队落户。十年中，我当过妇女队长、团支部副书记、赤脚医生，曾被评为公社学毛著积极分子、苏州地区卫生革命先进个人。1977 年秋季恢复高考后，虽然我只有初中学历，但凭着小学 6 年、初中 3 年打下的扎实基础，终于顺利通过初试、复试、体检、政审。1978 年初，我接到苏州医学院医学系的录取通知书。1982 年底，我五年制本科毕业，获医学学士学位，先后在昆山第一、第二人民医院从事妇产科临床工作。我现在是昆山市第二人民医院妇产科主任医师，2004 年荣获昆山名医称号。在服务社会的同时，我赢得了公众的认可与尊重。如果说我的人生达到了一定的高度，那么，母校沧浪实小就是我人生起航的地方。如今，我能为社会做出一些贡献，都是沧浪实小为我奠定的基础。我从心底里感谢母校，衷心感谢启蒙老师们的辛勤培养！

苏州市实验小学校

张伟应

  苏州市实验小学校的前身，是成立于 1905 年 11 月的江苏两级师范学堂附属两等小学堂，创办人是江苏师范学堂监督罗振玉，首任办事官（堂长）是蒋宗城（粟来）。校址在三元坊燕家巷，校舍 10 间，教师不足 10 人，学制为 5 年加 4 年（相当于现今的小学加初中）。最初设 2 个班，学生 60 余人。建校早期，以"育人为本"为办学宗旨，注重引进西学经验，开设家事实习（如烹饪、女红）等课。1910 年 2 月，首届高等科 18 人毕业。

  1912 年，学校更名为江苏省立第一师范学校附属小学校。翌年，以"智、仁、勇、端、庄、昭、明、文、武"定级名。学校着重以儿童为中心的教学实验研究，取得丰硕成果。1919 年至 1920 年，美国著名教育家杜威两次到校考察。20 世纪 20 年代中叶，学校曾聘兼职日本教员小野清一（音乐教员）、高田九郎（手工、体操教员）。1929 年至 1934 年间屡有更名。其间，先后聘杨保恒、俞子夷、吴研因、沈百英、施仁夫、顾西林等一批教育名家为师。1937 年抗日战争爆发，日军占领苏州后，学校于 1938 年 8 月迁校上海，1941 年 12 月停课。1945 年 10 月回迁苏州复课，地址在公园路（原吴县草桥小学址）。不久，施仁夫校长离校，由教导主任瞿苣丰接任校长。之后在三元坊原校址重建，并于 1947 年上半年迁入。

1950 年 5 月，学校更名为苏州市实验小学校。1955 年 2 月，搬迁至筹建两年、位于新市路 2 号的新校舍。20 世纪五六十年代，有嵇同耀、汪詠沂、黄寰清、杨怡如、贾福珍、居秉珍、庄杏珍、黄桂娟、史芸莲等名师任教。1968 年 9 月，学校由苏州市教育局管理改为红旗（沧浪）区文教科管理，直至 1978 年 8 月。

20 世纪 80 年代后，先后有王之华、林红、赵洪、陆文红、苏蕙等名师在校任教。学校以学生发展为本，着重素质教育。相继成立约 60 个兴趣小组、10 多个学生社团。1994 年，学校成立苗苗艺术活动中心，下设新芽文学社、小雨滴合唱团、小雨花舞蹈团、哆来咪民乐团、学田书画社等 123 个团体，其中新芽文学社为四至六年级学生参加。至 2017 年，历届各类社团共有成员近万名。

2003 年，学校引入 ISO9000 质量管理标准，构建现代学校管理体系。同年 12 月，苏州市实验小学教育集团成立，集团以苏州市实验小学校为本部，下属十个教育实体，包括幼儿园、小学、素质教育基地（绿野村）等，融合了公办、股份制、民办合作办学等多种办学体制，并建立起国际办学机构、教学输出合作项目、国际教育交流实体等办学形式。2010 年 9 月，学校迁址人民桥南端文路 1 号。新校区占地 80 亩，建筑面积 6.4 万平方米。学校以"诚仁智健"为校训，继承"实验""研究"传统。2008 年至 2012 年，学校以华东师范大学的"教学设计五个基本阶段或成分"（简称 ADDIE）模式，系统培训语文教师 79 名。2011 年至 2012 年，培训数学教师 70 余人。

历年从苏州市实验小学校毕业后、励学精进、事业有成的著名学者有：1928 年毕业生、经济学家吴大琨（1916—2007），1929 年毕业生、中国科学院院士谈镐生（1916—2005），1932 年毕业生、中国科学院院士冯康（1920—1993），1934 年毕业生、美国加州大学柏克莱分校机械系应用力学退休教授徐皆苏等。

校史人物

施仁夫（1893—1983），原名毓麒，男，常熟人，民进成员。1915 年毕业于江苏省立第一师范学校，留校任附小教师。1918 年入南京高等师范学校深造，3 年后毕业，回省立第一师范学校任教务主任。1922 年至 1945 年，除抗战停课外，任江苏省立苏州实验小学校长 20 年，其间有效实行设计教学法，考察日本小学教育并在各地宣讲。后历任江苏省教育厅科长、省立无锡师范校长、新苏师范教师等。1960 年退休。

校名沿革一览表

时间	校名
1905.11—1912.3	江苏两级师范学堂附属两等小学堂
1912.4—1927.7	江苏省立第一师范学校附属小学校
1927.8—1929.9	第四中山大学区（江苏大学区、中央大学区）苏州中学实验小学校
1929.9—1934.7	江苏省立苏州中学实验小学校
1934.8—1950.5	江苏省立苏州实验小学校
1950.5—1967.1	苏州市实验小学校
1967.2—1972.12	苏州市东方红小学
1973.1	苏州市实验小学校

历任校长一览表（1905—2017）

任职时间	姓名	备注
1905—1912	蒋宗城	办事官、堂长
1912.4—1913.4	周维城	主事
1913.4—1913.8	谢聿修	主事
1913.8—1918.8	俞子夷	主事
1918.8—1921.12	吴研因	主事
1922.1—1927.7	施仁夫	主事
1927.8—1945.12		
1946.1—1951.1	瞿艺丰	1946 年 1 至 3 月为代理校长

续表

任职时间	姓名	备注
1951.1—1953.3	嵇同耀	
1953.3—1968.3	汪詠沂	
1968.3—1968.7	卫秀珍	校革委会主任
1968.7—1978.8	潘毓秀	校革委会主任
1978.8—1978.11		
1978.11—1984.8	张锦铸	
1984.8—1986.7	黄桂娟	
1986.8—1993.1	张稼祥	
1993.2—2010.8	徐天中	
2010.8—	林红	

专访苏州市实验小学第一任少先队大队辅导员席玖娟

口述者：席玖娟
访录整理：张伟应
访谈时间：2017 年 12 月 23 日
访谈地点：苏州市吴中区红日养老公寓

问：您是什么时候进入苏州市实验小学（以下简称市实小）的？

答：我是在 1949 年秋从机关调到江苏省立苏州实验小学，担任少先队大队辅导员、真级（四年级）班主任和语文教师。直到 1952 年，我作为调干生去上海华东师范大学读书。

问：当时学校的情况是怎样的，您是如何开展工作的？

答：学校当时还在三元坊，后门在燕家巷。学校的 30 多位老师中，年轻老师不多，只有秋起栋、苏凤岐、殷效达、江廉枫、汤仙霞等六七人，当时我们都住校。后来我将他们都发展成为青年团员，成立了团支部。学校建立了少先队，成立大队部，我担任第一任大队辅导员。直到我去上海读书，由潘毓秀接任。

问：据说早先进入市实小任教的要求比较高，您是如何进入该校的？

答：我是组织安排进去的。秋起栋是 1947 年从无锡师范学校毕业后，由他大舅陈祖源向瞿苣丰校长推荐而进校的。

问：学校采用什么教材？ 1949 年前后有变化吗？

答：还是指定教材，没有全部改，部分内容调整了。

问：设置些什么课程？

答：有语文、算术、音乐、美术、常识、手工等。教体操的是杨老师。

问：学生的考试多吗？

答：一学期也就中考、大考共 2 次。平时是小测验。

问：学生毕业后升学到什么学校？

答：不一定的，由家长自己决定。

问：您认为市实小最显著的特点是什么？

答：老教师都有肚才。瞿校长也很严格。我就是觉得自己学问浅，才申请去进修的。秋起栋后来（1954 年左右）也到苏南文教学院政治训练班去进修了一年，学习结束后他分配到市一中教政治了。

问：什么是您在市实小最难忘的经历？

答：我们当时都年轻，要求进步。秋起栋参加了《学习与改造》的编写，这是学校内部油印刊物。抗美援朝动员参军，团员们都签名、报名了，大家是准备去的，只是上级没有批准。如果去的话，那就是另一种人生轨迹了。

问：您和秋老师的姻缘，是否就是在市实小结成的？

答：应该是的，我们是 1954 年结婚的。当时我选择爱人就考虑谈不谈得来，穷啊富啊都没想过。

专访苏州市实验小学曾任教师汤仙霞

口述者：汤仙霞
访录整理：张伟应
访谈时间：2018 年 1 月 2 日
访谈地点：苏州市姑苏区塘坊苑汤家

问：您是什么时间在苏州市实验小学（以下简称市实小）任教的？当时学校的名称是什么？您教的课程有哪些？

答：我 1949 年 6 月师范毕业后，参加了 40 天的苏南第一届暑期教育研究会，8 月底便分配到江苏省立苏州实验小学，担任高、中年级的音乐和低年级的唱游老师。学校内有一间专门的音乐教室。后来我还上高年级的数学课，直到1962年我调到齐门小学担任副校长兼教导主任。

问：您到学校时，校长是哪位？
答：是瞿芑丰校长。他为人正派，做事规范，以校为家。对我这样刚参加工作的年轻教师，他的工作风范有着重要的影响，我觉得自己能在市实小开始工作是个很好的开端，对我有教育和锻炼。不久后，瞿校长调到市教育局，嵇校长接任。再后面是汪校长，他也是很好的。我调离时还是汪校长。

问：当时市实小的生源主要有哪些？
答：我进校时，市实小的地址还在三元坊，对面是苏州中学，很多中学老师的孩子就读我们学校。1955年学校搬到南门新校舍，提出"为工农服务"的要求，学生有南园农村、工人新村的孩子，还有城外化工厂、苏纶厂、一丝厂的子弟。

问：学校的年级设立情况是怎样的？有多少班级？
答：6个年级，每级双班，共12个班，还有黄寰清和杨怡如两位老师教的"实验班"昌班（即一个班中有4个年级，进行"单班复式教育"，他俩教所有的课程）。另有幼儿园1个班。
　　我进校时，六年级2个班的班名是"明"和"礼"。一年后毕业，再招的新生又称"明班"或"礼班"。每班学生有40多个，接近50人。
　　市实小还有二院（草桥小学址），一度还有三院（大公园北面）。

问：您和同事是如何备课的？是否有教研活动以及培训进修机会？
答：我家住齐门下塘，刚工作时还没有公交车，因步行路程较远，我就住在学校的教师宿舍，住了13年，直到我调离。瞿校长也住校，还有10多位其他教师，都住在一幢二层小楼的楼上。我们平时白天上课，晚上就在学校办公室批作业、备课，星期天才回家。
　　由于音乐课没有课本，我就自己找些参考书，然后选择一些适合不同年级的歌曲教唱。低年级的"唱游"课，还要有动作配合。好在我读苏女师时，实习课就在附小的低年级教唱游、画图，所以也有些经验。学校有分科目的教研活动。校长和老教师们，对我们的帮助也很多。每学期第 6 周到第 16 周，是教学"全面开放"的时段，校领导随时都能来听课，有时校内外的老师也来听，任课教师都要认真对待的。

问：实验小学的特色，主要以什么方式体现？

答：搬到南门后，学校专门设置了一间上公开课的教室。这间教室的面积是平常教室的一间半，留出空间给旁听者使用。本地的、外地的老师，都会来听。有时，还要到礼堂里上公开课，那人就多了。但外国人来听课的还比较少。

20 世纪 50 年代中期，我与庄杏珍老师搭班，分别教高年级的数学、语文，那时经常要上公开课。"大跃进"期间，一度还将初中的部分内容如"有机数"放到小学教，也实行过五年制教学。这种试验性的教学，往往由市实小先行，作为榜样。

问：主课、副课的时间安排是怎样的？

答：语文、数学当然是主课，但别的课也不能说不重要，要德智体美全面发展。音乐也属于"美育"的部分。当然，音乐课不会排在一天的第一节。我要教各个年级的课，课程表还比较难排的。学校也有班主任或其他老师，兼教音乐课的。

其他劳作、手工课也都重视，有专门的教室和工具。"三年困难时期"之前，学校还有一小块学生的种植养殖园地（到新校区后）。

问：您也要做家访吗？

答：要的，经常要家访。教音乐课时，也要家访，远的要到乐桥。后来还要到城外。

问：对学生的教育效果，您有什么实例吗？

答：我刚去市实小时，教唱游课的那班一年级（勤班），现在学生都要七十多岁了，他们有十五六人每年碰头，常邀我参加，至今他们还能记得我当初教的动作。当时他们就喜欢上唱游课，每周 2 节课。

我那时教的六年级学生，虽然只教了一年，但礼班有位学生至今还跟我有来往，他还记得我教他们唱的苏联歌曲《夜莺》。这个学生腿有残疾，但成绩很好，后来考上大学，也有过生活波折。2017 年这个学生正好 80 岁，我带了两个女儿去吃寿酒的。

问：您之后也在别的学校做过教师、行政工作，您觉得市实小比较明显的特点有哪些？

答：市实小在很多方面都在全市领先的。1950 年，第一个建立了少年先锋队组织。各种运动也积极参加，像抗美援朝开始，团员青年大家都报名参军，当然批准的人很少。教师，特别是住校教师，多是全身心投入教学，你追我赶。各个年级的课程教得认真，基础扎实。教师与同学关系密切，对学生的行为习惯，也从幼儿园起就规范、培养。瞿校长领导有方，教学、教研井然有序，政治学习也很严格。这是相当可贵的校风。

问：在市实小您还有什么印象深刻的事？

答：我担任过市实小的大队辅导员，因此参加了市、省的青年代表大会。1958 年参加共产党。

市实小很重视卫生保健的，专设了一个卫生室，配备一些常用药品，由卫生员和教师轮流值班，同学也参与。但 20 世纪 50 年代初有过一次意外事故，一个叫严成的高年级同学在荡秋千时不慎被秋千板击打头部而去世，护导老师因此受到处分，这真是很遗憾。

问：您还记得这首市实小的校歌吗？

答：吴研因作词、顾西林作曲。我会唱的，还记得。

专访苏州市实验小学原校长卫秀珍

口述者：卫秀珍
访录整理：张伟应
访谈时间：2017 年 11 月 26 日
访谈地点：苏州市姑苏区敬老院 106 室

问：请问您是什么时期在苏州市实验小学（以下简称市实小）工作的？您
　　担任过老师吗？

答：我于 1959 年从教育局初教科调到市实小，担任副校长，没有做过班级
　　老师，是专职做行政工作的。

问：那您分管哪些方面的工作？

答：好像也没有什么明确的分工，需要做什么就做什么。我去时书记是潘
　　毓秀，校长是汪詠沂，但汪的身体比较差，已经不正常上班了。

问：您到校时，学校的名称是什么？什么时候叫"东方红小学"的？

答：我去的时候名叫市实验小学吧。后来有段时间改了名字，叫"东方红小学"，还跟苏高中合并什么的，那是工宣队来了以后。工宣队每批有四五人，人纺厂的有粮食仓库的保管员、不识字的小脚老太，二六七厂的有一个团委书记，年纪轻些。

我有段时间被派到人纺小学去当校长，是工宣队决定的，去了有两三年。他们说市实小是"封资修大杂烩"，要"掺沙子"，所以换人。人纺小学的校舍在梅家桥，是简易房，真是让人担心会不会倒塌。它原来的校长周顺芳调到盘溪小学去了，副校长沈明华为人比较正派老实。当时还有人对我说，人纺小学原来不属教育系统，业务方面不太正规，"派性"重，让我不要去。我的想法是"服从组织"，也没有别的意见。人纺小学的学生情况当然跟市实小不同，老师之间的矛盾也多，我就尽量做工作吧。后来，我又回市实小了。

问："文革"中你们学校停过课吗？

答：有过的，当时叫"停课闹革命"，但市实小停得时间短，仅两三个月，是全市第一个复课的学校。市实小的老师大多数都工作认真，"派性"也不严重。我上台被斗，也就站站，喊喊口号，没有挨打、挂牌子、"戴高帽"之类的人身侮辱。总要有人被斗，那就上去斗斗吧。但"早请示、夜汇报"是天天要的，还有背"老三篇"。"忠字舞"就不一定跳了，我就不会跳。

学校里出过一个"造反司令"，是"苏州市小教造反司令部"的司令。也有一个人到市里去夺权，夺了体育局长的权。

问：您刚进学校时的学生、教师情况是怎样的，到您退休时有哪些变化？

答：我去学校时，每个年级 3 个班，6 个年级有 18 个班，每班 40 多人。也有复式班的试验，由黄寰清（为主）、史芸莲（助理）两位老师带班。学生以工农子弟为主，都是南园新村、化工房（从青岛搬到苏州的工厂职工）那边的。老师有三四十个吧，市实小还有附属幼儿园。

学生的学习习惯、行为方式，跟原来（搬到新市路以前）的学校不太一样了。有的老师有意见，我就说，要是学生都教得好好的，还要我们做什么呢？有问题，总要想办法解决啊。

20世纪70年代开始办校办工厂，这对学校有压力，学校不擅长这个啊。但大家都在办，后来还涉及老师的奖金，也只能办一个，找个老师去管理，再招些教师家属做工人。一开始做发饰，后来加工塑料零件，原料（塑料粒子）紧张就要托关系，也要求学校去"拉赞助"了。

问：学校与其他学校的交流多吗？

答：与区属的实验学校交流不多，与外地如南京、上海的实验学校有一些，互相学习吧。接待外宾也是有的，我到市实小也有这方面的原因。当时定了两所开放学校，苏高中和我们学校，两校比较靠近，线路也好安排。接待的有"第三世界"的外宾，也有日本的客人。日本客人看到一个女校长去接待他们，比较惊讶。我对他们说，这是国情不同，学校里女教师也很多，她们有细致耐心的长处。日本客人当时还属于民间来访吧。

有接待任务了，那是一件非常大的事情，所有环节都极其重视，用具检查，饮水、茶叶都要我们先尝过。一年来几次？也说不定，看上面安排。外宾来了，那上课也不能按正常的作息时间了，他们不走，课就不下，一直上下去，也很麻烦的。

问：作为校长，您也要家访吗？

答：也要去的。市领导李执中的儿子读书不太好，他常让秘书跟班主任联系，并且他的管教方法也简单粗暴。我就跟班主任一起去家访，他们家的保姆出来倒茶，我不客气地说，叫学生（当时三四年级吧）出来给老师倒茶！李执中当时不在家，我就对他的妻子李芸说，家长要配合学校教育，要耐心，粗暴不能代替教育。

还有一次，班主任夏老师到化工房去家访，被家长用扫帚赶出来。我就跟她一起去。周围邻居都涌出来看，我就对他们说，大家看好，我们老师是来讲道理的。

问：您是哪年退休的？之后与学校有什么联系？

答：我于1983年从市实小退休。最近学校110周年校庆，我们还去参加的。平时每个月退休教师也有碰头会，自愿参加。

问：您在市实小工作多年，您觉得市实小与其他学校相比较，有哪些相同或不同之处？

答：我是相当佩服我们100多年前的校领导的。当时很多还是私塾，我们就已经是"洋学堂"了，到欧美、日本去考察，大胆引进新的教育方法，还有自己设计的教育方案。

市实小20世纪50年代初搬迁以后，生源不如以往，也较沧浪区实验小学要差些。现在虽说要按地段招生，但学生数量大增，据说一个年级要12个班。

整体上说，我们学校的风气好，学生争气。但班级之间还是有差距的。

问：您在市实小还有一些难忘的经历吧？

答："文革"初，"纺工兵团"要来拿教师档案，我把档案事先藏起来了，对他们说已经交出去了。他们还要问我拿"机枪"。我说哪有什么"机枪"，他们说找到了子弹壳。我说，子弹壳有的，是民兵训练后留下来的（我是女民兵连连长），下次训练再去换子弹的。学校只有上体育课的十几支气枪。但之前我也叫人把气枪拆了，将零件散放各处，以防万一。

那混乱的时候，我天天到学校去巡视。潘校长家在城外，城门一关就进不来了。有几个老师，主动跟我一起到校，陪我各处察看。一次，我跟老教师韦克昌走在校园里，突然来了一记冷枪，吓得人跳起来。我第一个念头就是韦老师有没有受伤，如果打到了的话，我真是对不起他啊。

我好像胆子蛮大的，"贼不做，心不虚"，一切按实讲话，实事求是，也就没什么可害怕的了。

问：您认为如何才能做好教育工作?

答：我可能还是传统观念，教育学生，学校要跟家长配合，也不能光做表面文章，要扎扎实实打基础，宽、严要适当。小学低年级，老师还是要实施"母爱教育"。

要创造性开展教育工作，不能上面说啥就光是跟在后面。当然，上面也要给予指导意见，不能只说好听的话，要发现问题并及时指出，才能不断改进。

专访苏州市实验小学退休教师李奕平

口述者：李奕平
访录整理：张伟应
访谈时间：2017 年 11 月 19 日
访谈地点：苏州市姑苏区书院巷佳安别院李家

问：您长期在苏州市实验小学（以下简称市实小）任教，请您介绍一下具体情况?

答：我于 1970 年到市实小，担任四年级语文老师，兼班主任，还上高年级音乐课，每周一节。直到 1990 年，我从市实小退休。退休前的三四年，我不再当班主任，也不再上语文课，只负责上五年级的写字课（单独设），教写毛笔字，还管理学校的资料室。

问：您到学校时，学校的名称还是"东方红小学"?

答：已经不这样叫了吧，叫市实验小学了。但学生还是很有"造反精神"的。我接的那个班，"文革"时曾把老师揪上台去斗。记得我那时，正在上课的半当中，突然就有学生会站出来，说要到操场上去，带领大家做操，还说"毛主席说的兵教兵"，老师也不敢反对。也有学生中途上台要唱"样板戏"，说："革命样板戏，怎么不能唱啊? "学生动不动就说"造反、造反"的，兴趣、关注点也不在学习上。

问：当时市实小的生源主要有哪些？

答：主要是南园新村的孩子，也就是居住在学校附近的学生。

问：一个年级有几个班级？

答：4个班级为多。再多也不过5个吧。每班40多个学生。

问：您去时学校的领导是谁？工宣队还在校吗？

答：学校领导是潘毓秀、卫秀珍。工宣队还在，一丝厂、人纺厂、二六七厂派到学校的。一批有四五人吧。但他们不管上课的事，只是参加老师的政治学习，管老师。有时也找顽皮的学生谈谈话，帮助他们。外出拉练的活动，他们也会一起去。

问："文革"中有学工、学农、学军课程吗？

答：到工厂去劳动，要求是有的，但也不多，小学生做不了什么。有一次到做热水瓶胆的玻璃厂，他们也不让小学生做，怕做坏了，只能在一旁看看，或者做些最简单的活。去过人纺厂，也做不了什么。

问：您教的语文是主课，能简单概括一下当时的课程要求吗？

答：语文、数学都是主课，每天都要上。有时连着上两节，那就要写作文了。大约两周写一次作文吧。

但市实小是开放小学，经常有外宾来参观、听课，也要上公开课，所以大家都很认真备课，参加教研活动。我没有上过公开课，庄杏珍上过的，她是有名的语文老师，上课很生动。江苏省第一批特级教师中，她和斯霞（南师附小）、王兰（南京长江路小学）都是。她还两次到北京参加教材编写工作（负责练习部分），跟叶圣陶也认识。对教师、对学生，她要求都很严格的。

上公开课要搬到大礼堂去，除了学生之外，还要向各校骨干教师发听课证，一次要有三四十人旁听吧。这种听课证也是很紧张的，要有关系才拿得到。

问：课程方面的要求，您是如何在教学中体现的？

答：主要还是提高学生的读、写能力，多做些练习。除了课本上要求的练习外，我们还自己找练习题，自己刻钢板，用白本子印题目。我早先在部队做过文印室的工作，所以，教研组里这件事我做得最多。那时的油印，还是用刷子刷的，再往后一段时间，才架在一个框子上用滚筒推的。

问：您是怎样备课的？是否有教研活动、在职培训以及进修？

答：学校有分组的教研活动（数学组、语文组），我都参加语文组的，也要听其他老师的课。但备课是教师自己备的。到资料室后，我就不再参加教研活动了。进修的机会不是太多。

问：先前学校采用什么教材？后来有变化吗？

答：语文课有一个阶段采用的是省编教材，后来就用部编教材，庄杏珍就是去部里（教育部委托人民教育出版社）编教材的。

后来我上写字课，就没有什么现成教材。我自己也不会编，就通过亲戚的关系，要到了北京景山学校的写字课本（有笔顺），自己翻印，上课使用。

问：您要经常做家访吗？

答：那时老师做家访是很多的。学生有事，就要家访。如果遇到学生生病，还要送回家。我大女儿曾在市实小读书，她的班主任金玮，有一次就将生病的女儿用自行车推着，亲自送到我家。我和其他老师当时也都这样做的。金玮老师是景海女师毕业，当过市实小的幼儿园主任。

问：对学生的实际教育效果怎样，您有印象较深的实例吗？

答：小学教学还是要与家长密切配合的。我记得教写字课后，学校领导要我开展写毛笔字课外活动。参加的人不多，也就五六个。住在文庙附近的赵颖因为爷爷也在教，就写得比较好；还有邬西濠的孙子也是写得较好。

问：您到市实小之前也在别的学校做过老师吗？与市实小有什么区别？

答：我在南京的江宁县（现江宁区）当过十多年老师，后来是江宁县实验
小学的副教导主任。因为家庭关系调到苏州后，一直在市实小。跟其
他学校的教师相比，市实小的老师更敬业、工作更自觉吧。我们学校
的老师极少会迟到、早退，还常常将学生作业带回家批改，改得仔细
认真。不过，市实小的老师也敢对领导提意见，所以，我们学校的领
导既好当又难当——工作自觉，不需要多管，这是好当的一面；但也
有做不到的地方，容易受到批评，这就不太好当了。

问：您在市实小的经历，最难忘的是什么？

答：我们当时同事之间的关系很好，大家互相关心。我当时工作忙，怀第
3个孩子的时候不想要了，就去医院。同事说，李老师平时从不迟到，
今天为何晚了？一定是去医院了！陶诒华、杨如雪她们就到医院来找
我，劝说我，将我拉回去了。

问：如果有机会，您会对年轻教师提些什么建议？

答：还是要多爱学生吧。

专访苏州市实验小学 1993 届毕业生王慰

口述者：王慰

访录整理：张伟应

访谈时间：2018 年 2 月 26 日

访谈地点：苏州市军队离退休干部里河休养所办公室

问：您什么时候在苏州市实验小学（以下简称市实小）学习的？

答：我大班就进了市实小幼儿园。次年（1987 年）进市实小读书，直到
1993 年毕业。我读的是六年制小学，当时我们同一级还有两个五年制
班级。

问：您家住市实小附近吗？

答：我们家当时住在瑞光塔附近，离新市路的市实小虽然比较近，但不属于招生地段。我能入校读书，家长是费了一番心的。

问：您对哪一位小学老师印象比较深？

答：我一年级的班主任是叶剑老师，她教语文，我们班是她新苏师范毕业后带的第一届学生。三年级以后是金云芬老师教我们语文了，她一直到六年级都当班主任。在我四年级时，金老师将我的作文《鸡蛋》推荐到《小学生作文报》上发表，这是我第一次发表文章，在当时发表文章是比较难得的。

还在一次，我们同学一起去金老师家玩，她送我一头黑陶瓷的牛，她说让我学习牛的勤奋踏实精神，希望我改正行为有点浮躁的缺点。

高中毕业考上大学时，我们同学约了一起去看望过叶老师、金老师。

问：是否因为老师，还有发表文章，您就喜欢上语文课了？

答：老师的关心培养，发了文章，肯定是很重要的原因。还有母亲喜欢文学，与我谈论得比较多，引导、启蒙我看书。加上当时的娱乐没有现在多，阅读是我为数不多爱好中的最爱吧，精神食粮一样。我三年级读《红楼梦》，为林妹妹的死哭得稀里哗啦的，也没觉得自己有阅读障碍。当时还看《东周列国志》，还有一些武侠小说，很入迷。

问：还有哪些小学时的经历，影响到您的后来？

答：我在小学成绩只是中上，但从小到大一直喜欢语文，也看了不少"闲书"。记得有次班级活动，金老师叫大家谈"我的理想"，我说了自己要当"记者"。后来我大学读了新闻专业，也当了5年记者（《苏州广播电视报》），算是部分实现了小时候的梦想吧。

六年级时，我参加了学校的"提优班"（课外），在十六中（初中入学）的摸底考试进了前20名，但结果我被分到了地段的十四中，而其他"提优班"同学进的初中则要比我强得多。这也是我"卧薪尝胆"，高中考入苏高中的动力吧。

问：您有什么比较难忘的小学经历？

答：我小时候弱视，戴矫正眼镜，同学会嘲笑我，自己也有点自卑内向。有一次上体育课跑步，我的眼镜不慎丢了。那天晚上正好下雨，但父亲还是带着我，用一个手电筒照着，在操场上来回反复地寻找。我到现在还记得，那操场上的坑坑洼洼，我对找不到眼镜的担心紧张，还有在一个水坑里恰好踩到了眼镜的意外惊喜！当时学校的操场还是在新市路的沙土操场，而配眼镜对当时的家庭收入来说也有点贵吧。

当然也有开心的事。我二、三年级时选拔到了课外兴趣小组，参加苏州市儿童演唱比赛，得了二等奖，奖品是一只台灯。我也参加过舞蹈演出，要扮演一只小鸡时，老师说我个子高，不像小鸡，后来改成扮小鸭了。

问：市实小的其他教师您还记得吗？

答：有个叫金刚的体育老师，大约在三年级时，他代理了一个学期我们的
班主任。最近有次同学聚会，叶老师给他打电话，他还能叫出我的名
字，真是意外。

问：小学同学有关系密切的吗？至今是否还联系？

答：有个要好的同班女生，她留学回来后在苏州大学教德语，还当了德语
系主任。也有一个住得较近、一直邀我一起上学的男生，后来到四年
级竞选中队委时，我参选，最后当选了组织委员，而他落选了，结果
我们就有点疏远了，但是小学情谊还是很难忘的，后来我们都考上了
苏高中，便又联系起来了，直到现在大家都结婚生子，虽然没时间经
常见面聊天，但也一直保持着网上的联系。其他小学同学的联系也多
是在网上，直接见面的机会不多。

苏州市大儒蒙葭中心小学校

倪浩文

苏州市大儒蒙葭中心小学校位于南石子街。其前身为创办于清光绪三十二年（1906）的元和县官立高等小学堂，创办时校址位于盛家带，翌年迁入大儒巷昭庆寺。1912年更名为吴县县立第三高等小学校。1926年8月，按照新学制改编为完全小学，改称吴县县立第四小学校。1927年后，先后易名吴县县立城东小学校、苏州市城东实验小学、吴县大儒中心小学、吴县县立模范小学校、吴县县立实验小学校、吴县卫道濂溪中心国民学校、吴县中山镇第一中心国民学校、苏州市立大儒中心国民学校、苏州市大儒中心小学校。1951年，校区分一院、二院，分别位于大儒巷55号与南石子街10号。1978年大儒中心小学被定为平江区重点小学。至2004年先后有7所小学并入：1952年由施剑翘任校长的私立从云小学并入大儒；1956年私立明德女子小学并入大儒；1969年协成厂办小学并入大儒；1976年建新小学并入1个班；1981年卫道小学并入1个班；1988年郏长巷小学并入2个班；2004年蒙葭巷小学并入大儒，改称今名。

学校将陶行知先生的教育思想作为办校的根本宗旨，发扬陶行知"爱满天下"的思想，以陶行知生活教育理论为指导，要求教师"以陶为师，为人师表"，培养学生"求真谛、做真人"，哺育了一代又一代的精英，校友足迹遍及海内外各个国家和地区。学校曾被评为"苏州市小学常规管理示范学校""苏州市德育先进学校""江苏省学习陶行知教育思想先进单位"。

校名沿革一览表

年份	校名
1906	元和县官立高等小学堂
1912	吴县县立第三高等小学校
1926	吴县县立第四小学校
1927	吴县县立城东小学校
1929	苏州市城东实验小学校
1930	吴县大儒中心小学校
1938	吴县县立模范小学校
1940	吴县县立实验小学校
1946	吴县卫道濂溪中心国民学校
1947	吴县中山镇第一中心国民学校
1949	苏州市立大儒中心国民学校
1951	苏州市大儒中心小学校
1969	苏州市人民小学校
1971	苏州市平江路小学校
1972	苏州市大儒中心小学校
2004	苏州市大儒菉葭中心小学校

历任校长一览表（1906—2017）

任职时间	姓名	备注
1906	江衡	堂长
1912—1918	潘起鹏	
1918—1928	李志仁（叔良）	
1928.2—1937.11	张建初	
1938—1940.8	鲁家振（玉声）	

任职时间	姓名	备注
1940.9—1946.1	林德巍（仰岐）	
1946.2—1949	朱洪钦	
1949—1951	阎清河	
1951—1956	夏宗保	
1956—1959.9	费铭聿	
1960.2—1966	丁云	
1969.2—1989.8	陈瑞君	1978 年前为校革委会主任
1989.8—1990.8	周元泉	
1990—2001	吴云冠	
2001—2008	陈敏	
2008—2010	张蕊菁	
2010—2012	杜坚民	
2012—	俞辰	

专访苏州市大儒中心小学校原校长吴云冠

口述者：吴云冠
访录整理：倪浩文
访谈时间：2017 年 12 月 20 日
访谈地点：苏州市姑苏区南石子街 10-2 号

问：请您简单自我介绍一下。

答：我是 1983 年到 2002 年在大儒中心小学工作的，1990 年开始任大儒中心小学校长。此外，我曾任江苏省陶行知研究会小学教育委员会的秘书长、苏州市陶行知研究会副秘书长。

问：除了担任校长外，您还教过课吗？

答：我还教过高年级的语文、地理、历史。

问：您在校时的班级数和学生数还记得吗？

答：到了 20 世纪 90 年代，基本上都是一个年级 5 个班，一共 30 个班。那时候学生较多，每个班大约 55 人，所以常常有 1 位同学是独桌坐在后门口的。

问：您当时的办学思想是怎样的？

答：我认为，要有好学校，先要有好老师；要想小学办得好，先要造就好老师。20 世纪 80 年代开始，我开始主推学习陶行知活动，我们也是全市最早开展学习陶行知的窗口学校，同时还确定了"情系校园，爱满天下"的校风。1989 年 11 月，中国陶行知研究会会长方明为学校"行知园"揭牌，此后行知园内多次举办了市、校等多级"学陶研讨"活动。学校被评为省级"学陶"先进。

问：听说后来胡绳、雷洁琼为此还专门给学校题词了？

答：是的。世纪之交，中国陶行知研究会会长方明向全国人大常委会原副委员长雷洁琼汇报学校近百年的办学历史，雷老欣然为学校题写校名。全国政协原副主席胡绳也通过政协办公厅寄来了贺信，信中称："我至今记得观前街东首的大儒小学是所很有名的学校。"

问：学校历年涌现过哪些优秀教师呢？

答：太多了。获国家级奖项的有"全国三八红旗手"胡葆真、"全国模范班主任"魏珠、"全国优秀教师"薛薇菁、全国优秀教育工作者曾淑慧等，更多的年轻教师成为市区各学科的教坛新秀、双十佳教师、学科带头人。

问：优秀的教师是学校的灵魂，您还记得他们有哪些事迹吗？

答：每年的六一营火晚会是学生最喜欢的活动。有一年老师陪着学生把火炬从革命博物馆沿着干将路传到了学校，为了防止出现意外，同时保护学生们的积极性，老师做了大量的工作。1985 年的时候，学校秋游到西山，准备乘船返回时，忽然刮起了大风，船都停航了。

老师们自费凑出钱和干粮，安排数百名学生借宿西山大小旅店，看着孩子们进入梦乡，老师们一夜没有合眼。第二天天明了，风停了，师生们一路欢歌乘船回到市里，守候在胥门码头的家长都说："老师辛苦了！"

2015年教师节，在苏州电视台"寻找最美教师"活动中，专门有学生委托电视台寻找时年已经95岁的周玉珍老师。周老师一生情系学生，一次家访中不慎坠沟受伤，第二天仍坚持带伤来校，退休后留校任教直至70岁高龄。这种浓浓的师生情不是一两句话可以讲清楚的。

问：学校特色办学体现在哪些方面，又涌现过哪些优秀的学生呢？

答：历史上，我们学校就涌现过一大批有相当知名度的校友，如画家陶冷月，还有中科院院士谢毓元、地理学家高咏源、总后勤部亢拱北将军、版画家凌君武等。

大儒能成为百年名校，离不开历任校长和众多教师的不懈努力。教学是学校的生命线，学校历年来十分重视抓好教学质量。学校很看重培养学生的兴趣，发展学生的特长是学校的一贯做法。我们成立了苏州最早的小学艺术团——行知艺术团，依托戏曲博物馆和众多老艺术家成立了京昆戏曲班，联手区少年宫开创了"宫校一体"的小学模式，利用少年宫一流的师资、设备，开设了机器人、舞蹈、电子琴、儿童画、乒乓球等班。很多人就是这样带着在大儒养成的兴趣后来成了名家，如杜好丽的电子琴、李莉的独舞、孙刚的钢琴、顾圣婴的小提琴、惠音的二胡、方凯的儿童画、周成圆的国际象棋等，可以说最早都是在大儒启蒙的。年仅10岁的张艺举办了苏州第一个少儿个人书画展，陈疏赢举办了苏州第一个少儿钢琴作曲音乐会。近年来，学校秉承百年老校优秀传统，着力打造儒文化，还撰写了《新论语》《昆缘》等校本教材，取得了良好的教学效果。

品行方面，学生中的好人好事也层出不穷，仅仅拾金不昧一项，就曾有张磊拾到6.5克金戒指、庚武泓拾到金耳环、叶健强拾到1000美元等事迹，他们都是主动交公的。

问：学校"爱满天下"的校风影响了不少学生吧?

答：是的。学校对学生有爱，学生毕业了才会对社会有爱。今天成为"江苏省十大自强不息残障人士"的邹小良就是其中之一。他一直记得小学毕业时班主任对他说的一句话：只要你有真本领，社会总会用你的。后来他以"天生我材必有用"的精神，刻苦自学，获得大学文凭，翻译了几百万字的资料，并热心回报社会。他的事迹被《人民日报》《苏州日报》等多次报道。学校还曾助养过一名孤儿，并捐款成立了"大儒爱心基金"，使之更好地为身边的希望工程服务。许多校友毕业后不忘反哺母校。如律师邵吕威，资助了校园民俗文化建设；实业家周忠继，支持了学校纵横码和信息教育建设。刚才提到的魏珠老师，同学们亲切地叫她魏妈妈，为了感谢她，后来学生还专门在学校建立了书形纪念碑，来铭记师生情。

1998 年，一天清晨，一位衣着简朴的老人来到学校，一定要捐出 5000 元，他说自己是 1935 年毕业的贫困学生，当时得到了学校的帮助，今日特来感谢母校。交谈后得知，他是上海的退休医生聂如岑。虽然当时学校还没有明确提出"爱满天下"的四字校风，但是历届老师们都是这样身体力行的。20 世纪 30 年代的老校友、复旦大学的陈福清教授，一家三代都是大儒校友，至今他还记得当年充满温馨的校园，记得当时吴县三高的校歌。

著名妇科专家华嘉增三姐妹都是老校友，她们从各地聚集到学校，决定将父亲在苏的 104 平方米的房产捐献给母校，当时卖房所得归入了学校的爱心基金，这是一笔不小的物质财富，更是百年老校独特而巨大的精神财富。

问：学校过去是在徐氏春晖义庄，现在还有哪些古迹遗存?

答：徐氏春晖义庄的鸳鸯厅以及厅内的五通民国三年（1914）的徐孝女行状碑、行知园内的"啸云"砖额、校内的百年银杏树、与探花吴荫培有关的砖刻，还有近年出土的一通青石残碑，都是我们百年老校的宝贵财富和历史文化遗产。徐氏春晖义庄是苏州市控制保护建筑，我们校门的边上，就立有它的界碑。除了我们现在所在的南石子街校区外，其实还有大儒巷的控制保护建筑昭庆寺，曾经也是我们学校的校舍。现在在行知园中看到的一通校友会同人敬立的"吴县县立第三高等小学校廿周纪念碑"，就是在那里被发现后运到今址保护的。

专访苏州市大儒中心小学校 1988 届毕业生蔡静

口述者：蔡静
访录整理：倪浩文
访谈时间：2017 年 12 月 20 日
访谈地点：苏州市姑苏区南石子街 10-2 号

问：请问你是什么时间段在大儒小学读书的？
答：我是 1985 年从三年级开始来大儒读书的，1988 年毕业的。

问：当时的学校校园与现在有什么区别吗？
答：当时的校园也很漂亮、古朴，但教学楼没有那么新，也没有纵横廊，不过让我记忆深刻的那棵银杏树还是那么挺拔苍翠。

问：还记得你在校时的班主任吗？
答：我记得三年级的班主任是高芳老师，到现在记忆中还能浮现出她的脸庞，现在她在敬文实验小学教书育人。四到六年级的班主任是亢为琳老师，她的谆谆教导如今还能浮现耳畔，可惜她老人家已经离开我们了。一直以来，没能送她最后一程成为我的遗憾。

问：还记得一年级到六年级都有哪些课程吗？你最喜欢哪门课？
答：那时的课程没有现在那么丰富，主要有语文、数学、体育、音乐、美术，到了五、六年级开设了英语课。我最喜欢上的应该是语文课。

问：在校时你获得过哪些荣誉？

答：我记得那时我体育一直是最不好的，因为我是班里最小的一个，所以三好生总与我擦肩而过，每年都是品学兼优生。小时候我特别喜欢唱歌，在学校举办的唱歌比赛中获得过二等奖。

问：你印象深刻的老师有哪些？

答：印象深刻的老师有许多，教语文的高老师，教体育的蒯老师，教数学的陈老师……尤其是教高年级语文的亢老师。记得第一次写作文，她就表扬了我，由此我便爱上了语文，爱上了写作，在以后的语文学习中奠定了扎实的基础。也许老师只是一句不经意的表扬，却影响了学生的人生道路。

问：你印象深刻的同学有哪些?

答：印象深刻的同学也有很多，如学习优秀的王小鹏同学，如今已是经验丰富的医生；调皮捣蛋的周奕琪同学，如今已成为餐饮界达人，创办了有特色的餐厅；学识渊博的王子铭同学，如今已在金融投资界崭露头角。不过，印象最深刻的是三位姐姐：钱瑜、钱蕾、曹传赟，由于我是班级最小的同学，三位姐姐总是在各方面给予我很大的帮助。

问：你印象深刻的有哪些事?

答：印象最深的事是有一年六一节的时候，学校举办篝火晚会，第一次晚上搞活动，我们异常兴奋，还在晚会上唱歌跳舞。还有一次是学校组织看日全食，当时我们还自制看日全食的眼镜，把墨涂在眼镜片上，看完后大家都变成大熊猫了，特别有趣。

问：现在你又回到母校任教了，从学生变成了老师，你觉得有什么不同吗?

答：如今回到母校，那楼、那树、那廊，走近的那一刻让我回忆起许多童年往事。从一名学生转换身份成为老师，看着孩子们一张张充满稚气的脸，常常会想起以前的故事。如今的孩子学习生活比起我们那时要丰富很多，学校设施也好了很多，在这样一所百年老校的教育滋润下，相信他们会茁壮成长，收获希望。

苏州市东大街小学校

王馨荣

苏州市东大街小学校创办于清光绪三十二年（1906）。建校初名为吴县官立高等小学堂，蒋炳章是首任堂长，校址在驸马府堂前（今东大街）。宣统元年（1909），第一届学生毕业。

1912年，学制变化，历法更改，学校4月1日上课，更校名为吴县第一高等小学校。是年秋后，部令八月为学年之始，学校乃于9月1日举行开校典礼。

1914年夏，王泽永校长因教室简陋陈旧不合教学之用，向县署申请改造，"得建筑金二千二百有奇"。是年冬，王泽永赴沈阳就职，县知事孙锡祺任命杜应震担任校长。

1916年，建校10年，学生先后毕业7次，共111人，当年在校生有166人。1926年8月，改名吴县县立第二小学校，杜应震继续担任校长。1927年，学校改名吴县城南小学校。翌年杜应震辞职，李鸿奎任校长。1929年改称苏州市城南小学校，1930年改名吴县泮环小学校。抗战时期学校停办。1941年复校，学校更名为吴县县立泮环初级小学校。1942年至1948年学校停办。

1949 年复校之后，学校先后更名为吴县南园镇泮环国民学校、苏州市立泮环国民学校。1951 年，学校更名为苏州市泮环初级小学校。1956 年，学校改名为苏州市泮环小学校。1966 年后，学校改名为育红小学。1973 年 2 月，学校更名为苏州市东大街小学校，后有新桥民办小学校并入。1995 年，红旗桥小学校停办，二至六年级部分学生转入本校。1996 年，三多小学、苏纶纺织厂职工子弟小学并入本校。1998 年，仓米巷小学并入本校。

从 1998 年 9 月起，学校采用一校二址的办学方式，分别在东大街 20号（现改为 222 号）和三多巷 28 号（作为分校）上课教学和办公。2006 年10 月，苏州市沧浪区政府将三多巷分校址划拨给南门街道办事处后，一校二址格局结束；同年，在学校建校 100 周年之际，沧浪区政府再次规划，投入 500 万元，扩建教学楼 2200 平方米。2007 年，沧浪区政府出资 1000多万，征地扩建操场 2830 平方米，使校容校貌发生巨大变化，学校占地面积达 10615 平方米。

2010 年，苏州另一所百年老校升平中心小学校并入东大街小学校。近年来，学校先后被评为苏州市教育现代化学校、市优秀家长学校、市绿色学校、市德育先进学校、市校务公开先进学校、市"家校合作"先进集体等。

100 多年来，学校不忘初心，千教万教教人求真，千学万学学做真人，一批又一批毕业生从东大街小学走向社会，在不同领域、不同岗位，为祖国和人民建功立业，如"中国青霉素研制先驱"樊庆笙、世界羽毛球冠军蔡赟、中国工程院院士陆军等便是其中的杰出校友。

历任校长一览表（1906—2017）

任职时间	姓名	备注
1906—1911	蒋炳章	堂长
1911—1914	王泽永	
1914—1928	杜应震	
1928.2—1930	李鸿奎	
1930—1937	王稼	
1941—1942	卢王裕	
1942	王肇桢	

杜应震清末留学日本时留影

任职时间	姓名	备注
1949—1950	王雲	
1950—1961	何榕	
1961.9—1962.1	方开一	
1962.2—1966.2	陈保瑾	副校长主持工作
1966.2—1968	季丽南	副校长主持工作
1968—1970.2	杨惠英	校革委会主任
1970.2—1977.1	陈保瑾	校革委会主任
1977	陆家瑞	校革委会主任
1977.9—1983.8	张凤珍	副校长主持工作
1983.8—1984	钱钰娴	副校长主持工作
1984—1998	祝总骝	
1998—2010	黄汉清	
2010—	吴瑜	

专访苏州市东大街小学校原校长黄汉清

口述者：黄汉清

访录整理：王馨荣

访谈时间：2017 年 10 月 27 日

访谈地点：苏州市东大街 222 号

问：您在该校执掌校政 12 年间，是如何挖掘和传承学校的百年历史文脉
　　的呢？

答：记得 2006 年 10 月 18 日，在苏州开明电影院举办的"原吴县县立五所
　　高等小学校建校 100 周年"校庆庆典活动，形式别具一格，社会反响
　　很大。东大街小学校是原吴县县立五所高等小学校中的第一高等小学
　　校，历经百年风风雨雨，校址虽然没有变迁，但学校早期文献史料已
　　是一物难寻。我们始终念念不忘寻觅，也许是上苍的眷顾，事关东大
　　街小学校史且颇具价值的文物终于重见天日。在百年校庆之际，东大
　　街小学校园里，一块沉睡地下的建校十周年纪念碑，重新竖立；在新

建的校史室里，陈列了建校早期学生的修业证书和成绩单。建校之初的珍贵历史文物，引起了社会各界人士的关注。它的重见天日，不仅见证了学校的历史，而且承载了学校深远的办学底蕴。

问：请您说说东大街小学建校十周年纪念碑是什么时候发现的？

答：1998 年暑期，沧浪区教育局安排我从平直中心小学调任东大街小学校长。上任不久，校园翻建操场，在围墙东北面的杂草碎砖丛里，一块半埋在泥土里的青石条引起了我的注意。青石条上隐约刻有纪念碑字样，我就叫工人把它挖出来。青石条上面水泥黄土厚厚一层。经清理，发现是一个"古董"，正面石碑上刻着"吴县第一高等小学校十周纪念碑，校长杜应震敬立"。中间用篆文，古朴秀气，落款用魏碑，遒劲有力。背面记述着学校创办十年的历史，字体为小号魏碑。当时，我做了一个有心人，把这块青石纪念碑竖立在学校进门的醒目位置。到百年校庆之际，纪念碑背面碑文，请专家清理拓字，还其本来面目。纪念碑的发现，填补了东大街小学校史的空白。

问：请您介绍一下，3 张学生早期的修业证书和成绩单又是怎么回到母校的呢？

答：在 2006 年百年校庆筹备校史室时，一位早期钟姓学生的 3 张修业证书和成绩单回到了母校。说起这 3 张近百年前的证书出现，还有一段佳话，正是这块建校十周年纪念碑碑文的记述，才使这些证书完璧归赵。事情是这样的：2006 年 8 月，当时"五高小"联办百年校庆，用直作文博物馆冯斌帮助编撰《百年校庆图说》。冯斌说，他手中有 3 张近百年前的学生证书，这是他 2003 年在湖南长沙古玩市场收购收藏的，证书上是吴县官立高等小学堂，堂长是蒋炳章。看到"吴县"字样，他倍感亲切，就把它收购收藏了。获此信息后，我想："吴县官立高等小学堂"，不就是东大街小学的前身么，证书上的"蒋炳章"堂长，我好像在哪里看到过。细细回忆，好像在建校十周年纪念碑碑文上刻有"蒋炳章堂长"字样。于是，我认真细致地查看纪念碑背面的碑文，果然如此。我喜出望外，立即将这一信息告诉了冯斌，冯先生也很高兴，毫不犹豫地将 3 张近百年前的学生证书赠送给东大街小学校，学校师生十分感动。

问：百年老校寻访和研究活动是"功在千秋、净化心灵"的行动，是对现代教育者的再教育。黄校长，这一行动，对后来者又有何新启迪和新思考？

答：作为百年老校的一名教师，要做有心人，要做传承人。从东大街小学校的建校纪念碑上的记述看，三位早期老校长为学校的建设与发展尽心尽职，他们的奉献敬业精神和勇于担当责任的品格都值得我们后人学习。

另外从百年前的学生成绩单来看，学校开设的考试学科有 12 门，和我们现在学校的课程没有多大变化，特别是 100 多年前的小学就开设了英文课，这些学科的设置传承至今，现在的课程改革，万变不离其宗。再看当时考试学科成绩的计算，也很科学，平时成绩与期末成绩所占百分比，还和缺课挂钩。最后还有总学科平均分，这是对一个学生的总评价，在修业证书上得到反映，值得现在借鉴。再看当时的修业证书，很严谨规范，除了学生本人名字，还写上祖孙四代的名字。

回顾与寻访逝去的教育和学校，让今人与故旧来一次历史与现实的握手。无论是教育决策还是教育教学行为，也许我们终将在过去的岁月中找到我们今天的养料和明天的向导。

问：东大街小学地处古城区，面积不大，校址一直没有变迁，您是如何在"螺蛳壳里做道场"的呢？

答：我校是一个标准的城市小学校，地处繁华地段，紧邻苏州中学，寸土寸金，不大可能再扩大面积。但由于学生不算太多，摊到每个学生身上的资源并不少。比如，学校有 10 个开放使用的乒乓球台，有篮球场和足球场，有单双杠活动架，科技活动方面有自然实验室、陶艺馆等，这些都对学生开放。

我认为学校小，或许更有利于做好事业。苏州教育界领导在研究百年老校的价值时，认为百年老校在一些细节上做得很有特点，在具体项目上都有特色，这也是其保持旺盛生命力的原因之一。实实在在做好每一件事，理应成为立校的根本。一句话，小规模应该具有高追求。

东大街小学校，当年在沧浪区小学规模排第7位。与现今所见的现代化小学校相比，仍然属于很小的学校。学校占地面积不到1万平方米，房子、运动场、休闲空间、一棵独立的古树，紧凑排列，占据了所有的空间。虽然略显拥挤，但是利用率很高。近年来，教育主管部门投入巨资，扩建教学综合大楼2247平方米，投入资金1500多万元，征用活动场地2800余平方米，对校园进行了园林化改造，利用老操场的周围环境，筑起了长廊、微型景观，建起200米草坪式环形操场，为百年老校增添了新的生机和活力。

我们学校虽小，但在许多方面都有自己的独特优势。在苏州市，东大街小学校是唯一开设陶艺校本课程的小学。学生在制作过程中想象力丰富，作品令人玩味，省里的教育专家来参观时都很感兴趣。除了陶艺，我校还有许多开得很好的校本课程。学校在艺术方面也不弱，在"五高小"联办百年校庆中，我们与叶圣陶实验小学、善耕中心小学、大儒中心小学和草桥小学联合举办了一台文艺演出，东大街小学校的舞蹈《私塾与新学》，后来获得沧浪区优秀创作奖。

问：在这样一所百年老校里，您坚持怎样的办学理念？又是如何保障外来建设者子女接受义务教育的？

答：长期以来，一代又一代东小人，牢固树立"一切为了学生，为了学生的一切"的办学理念，赢得了较好的社会声誉。在多年的教育教学实践工作中，以劳动、体育为突破口，不断探索、总结、提升，逐步以"劳技教育""快乐体育"为办学特色。

我们的生源以新苏州人为主体。同在一片蓝天下，让新苏州人共享优质教育，已经成为教师的共识。他们来自全国各地，他们的生活方式、生活习惯与苏州人有一定的差距。我们的教育要给予关注、给予关心、给予帮助。用陶行知先生的"平民教育""普及教育"思想来指导我们的教育工作。培养新苏州人已成为我们的天职，我们要让他们"进得来、留得住、学得好"，尽快地融入苏州，让他们在苏州茁壮成长。

我们学校，既不是中心小学，也不是实验小学，是一所普通的平民小学。我们没有刻意去追寻百年间校友中有没有院士、将军、高干和著名人士。但我们可以说，百年来从这里走出去的学子成千上万，进出的老师、学生一批又一批，奔向社会各个领域，他们都是向着成功迈进的。

专访苏州市东大街小学校原校长祝总骟

口述者：祝总骟
访录整理：王馨荣
访谈时间：2017 年 12 月 18 日
访谈地点：苏州市人民路 708 号

问：您是哪一年从事教育工作的？到退休为止，您从事教育工作一共有多少年？

答：我是 1964 年从新苏师范毕业，从事小学教育工作的，先在红旗桥小学，后来在沧浪实验小学。其间我的工作岗位有多次变动，但是一直都是从事小学教育工作，直到退休为止，已从教 43 年，其中在东大街小学担任校长一职 14 年。

问：您是哪一年到东大街小学校担任校长的？

答：我是 1984 年在沧浪实小副校长兼教导主任的任上，调到东大街小学校担任校长的。当时东大街小学名不见经传，与我以前任教的沧浪实小无法相比。我到任时，东大街小学正在大搞基本建设。

问：您是一位资深教育工作者，可以说教育经验非常丰富，在您任上，当时东大街小学校是什么状况？您又是如何改变现状、再上台阶的？

答：我到东大街小学校任职，对学校的整体情况进行了梳理，我在这个学校要干些什么？该怎样干？要如何把这个历史悠久的学校办好？这些

是我一直思考的问题。当时我校生源大多是外来务工人员的子女。当时面临的问题，一是师资队伍比较老化，部分教师学历不达标；二是学生的总体成绩在沧浪区不高，学生整体成绩要想比拼一流也是不现实的；三是校内开展教学研究氛围不浓厚。面对上述问题，我因地制宜、把握定位。第一，从师资队伍建设入手，在上级领导大力支持下，学校每年引进1到2个年轻教师充实教师队伍。第二，内部培养老带新，发挥老教师作用，实行"传帮带"。第三，是积极开展校内教学研究活动。我自己既是一校之长，也是一名在一线执教的数学老师，要求全体老师做到的，首先自己要做到，我率先进行教学研究，营造教学研究氛围，带领同仁不断提高教学水平和教学质量。第四，倡导教师加强班级管理，提高上课质量和课间效率，在引导学生探求书本知识的过程中发展自我、完善自我，开展劳技特色教育，培养学生动手动脑能力。经过数年的不懈努力，一支结构合理的老中青师资队伍形成，教学水平有了明显提高，教学研究成果不断涌现，学生的整体成绩也在上升，在沧浪区达到中等偏上水平。总而言之，学校各方面的工作有了新起色、新气象。

问：在您任上，经历了几次外校并入的情况，您是如何做好学校合并工作的？又是如何有条不紊地开展教学工作的？

答：我在东大街小学校任职期间经历3次撤并。1995年，红旗桥小学停办，二年级至六年级部分学生转入本校。1996年，三多小学并入，成为东大街小学校分校，同时，苏纶小学也并入东大街小学校。1998年8月，我调离东大街小学校，到升平辅导区任书记时，仓米巷小学校整体并入东大街小学校。之后，2010年，另一所百年老校升平中心小学校也整体并入东大街小学校。我在任时，先后3所学校并入，学校规模一次又一次扩大，增至25个班级，在校学生近1200多人，教职员工有80余人，无论是管理还是教学，都增加了一定的工作难度，对于一校之长来说，有一种无形的压力。虽然身上有压力，但是每次并校过程中，我紧紧抓住一条，坚持教师队伍不能散、教学程序不能乱、学生没有外校本校区分的原则，一切按部就班。通过交流、沟通、磨合，一个学期后，就形成了校领导之间融合、教师之间融合、学生之间融合的良好局面。三次并校过程没有出现混乱现象，一切都是平稳过渡，学校管理有条不紊，教学工作正常有序。

问：您在东大街小学校担任校长期间，经历了许多人和事，您印象最深刻的事有哪些？

答：我在东大街小学校担任14年校长，是我人生和从教生涯的一个重要节点，非常值得怀念和回忆的，有三件事，也是我印象最深刻的。我们结合课本内容，让学生走向生活，走向社会，接触大自然，经风雨、见世面、长知识。

一是组织学生来回步行到横山，瞻仰苏州烈士陵园，参观革命烈士事迹陈列馆，使全体学生深受教育，激励全体学生继承先烈的遗志。同学们回校之后写作文，纷纷表示要以先烈为榜样，勤奋读书，为将来建设祖国做贡献。

二是在暑期组织学生跟着课本游绍兴的夏令营活动，在外住宿两日。

到鲁迅故居、百草园、三味书屋参观学习，让学生从书本到实地感受鲁迅精神。尤其是到了兰亭鹅池，观赏王羲之书法，使不少学生对书法产生了浓厚的兴趣。回来之后，学生们在校内掀起了一股学习书法的热潮。

三是再次在暑期组织西天目山夏令营活动，也是在外住宿两日，带领学生到享有"天然植物园"和"大树王国"之称的西天目山游览。这里的森林景观独树一帜，参加夏令营活动的学生兴趣非常浓厚，学到了许多课本上没有的知识。

这三次组织大型外出活动圆满收官，在整个沧浪区小学校中是屈指可数的，现在想想有点后怕。如到横山瞻仰苏州烈士陵园来回徒步，虽然没有一个学生累倒趴下，但是当时没有考虑到小学生年龄小体能弱，现在想想还是有点欠妥的。又如外出两天的夏令营活动，长途跋涉万一有所闪失，真的无法向上级领导和学生家长交代。比如在去浙江西天目山途中，大巴士因故障抛锚，好在有惊无险。当时我与当地小学联系之后，得到当地小学热情接待，使学生下车后及时得到休整。大巴士修复后已近黄昏，学生整队上车后继续行驶，安全抵达宿营地。不过总而言之，外出夏令营活动对学生而言，还是有益的，能使学生从小养成淳朴之气，练就乐学之心，强壮健康之体。

问：您离开任职的东大街小学已经多年，对东大街小学有什么期望？

答：要把百年老校的历史传承下去，要把百年老校的优良传统继承下来，不断提升对百年老校的认同感、自豪感、责任感，是我们后来者肩负的使命。百年老校的根不能丢，尤其是东大街小学校，在原址办学一直未变的百年老校，具有极高的历史价值和育人价值。我非常怀念曾经工作过的东大街小学校，那里的一草一木都寄托着我的情感。退休之后，我有时会到学校走一走、看一看。我的继任者黄汉清校长及他的继任者吴瑜校长，执掌校政有方，在前人的基础上再上新台阶。近20年来，东大街小学校的建设与发展等方面都有了长足的进步，并取得了可喜的成绩。我坚信东大街小学明天将更美好，前景将更辉煌。

专访苏州市东大街小学校 1995 届毕业生陆一

口述者：陆一

访录整理：王馨荣

访谈时间：2017 年 12 月 26 日

访谈地点：苏州市太湖东路 288 号

问：您是哪一年到东大街小学校读书的？当时入学要考试吗？

答：我是 1990 年 9 月从吴县陆墓中心小学校转学到东大街小学校读书的，也就是从二年级开始在东大街小学求学，1995 年 6 月小学毕业。我记得，当时是因为父母的工作单位和家庭住址发生了变化，所以转学到了东大街小学，也算是"就近入学"吧。当时，毕竟是转学，也许是为了测试在原来学校一年级的学习水平和学习能力，在转学前参加了东大街小学校的"入学考试"。

问：您对母校的百年校史了解吗？

答：我记得当我 9 月份开学到东大街小学校上学时，二年级的教室是在学校最里面的仅仅一层楼高的尖顶老房子，但是，就是在这老校园里，有一块石碑，上面记载着东大街小学校的前身，现在想想，这应该就是我对这所百年学府历史的最初记忆了。

问：您还记得任教的班主任及其他任课老师吗？

答：我二年级的语文老师是柳崖涓，数学老师叫陆杏珍；三年级到四年级语文老师是顾佩玲，顾老师当时也是班主任，数学老师是祝总骝，他又是我们的校长；五年级到六年级语文老师是顾佩玲，数学老师是李勇，李老师是班主任；英语老师是 Miss Zhao，她上课时总给人一种甜蜜的温暖，所以还记得；体育老师是金老师，用现在的话说，他是一个很有范的中年大叔。

问：您在东大街小学校读书时作业负担重吗？

答：在东大街小学读书时的作业负担可以用"很轻松"来形容，那时考试也少，记得有一年开始取消了期中考试，平时某门课程学得好的，到了期末考试还能"免考"。我应该是在四年级的时候，免考了数学，我的同桌免考了语文。与此同时，我们的课程也少，很多下午两三节课后就放学了。在放学后，学校会有"课后班"，这个"课后班"用现在的话说不强制上，纯自愿，完全免费，对于家长都上班的学生来说，留在学校上"课后班"，家长也放心。我们学生在"课后班"上，基本就能把作业全部做完了，有需要背诵的课文也都能背出来，因为有老师在，还可以直接去把课文背给老师听，可以把"明天的任务今天完成"。做完作业之后，我们有时会聚在一起，看看课外书，背诵诗词；有时会一起去操场，踢毽子、甩大绳、跳橡皮筋……

问：您作业在学校里已经完成，那您放学回家做些什么呢？

答：放学回到家里后，根据自己的爱好，看看爱看的书籍，玩玩喜欢的游戏，帮父母做些力所能及的家务。如包馄饨、包饺子、烧茶叶蛋之类的。说起家务，我们那时基本上每人都能"露一手"。有一次，我们班每个人都要露一露自己的"绝活"，有的做了到现在都很时髦的"沙拉"，有的包馄饨，有的包饺子，最后，大家一起品尝，非常开心。

对于我们的小学课程安排以及业余活动，现在回头想想，虽然课程少，但是质量一点都不差，业余活动丰富多彩，德、智、体、美、劳全面发展，用我们小学同学聚会时说的最多的一句话来说，我们的小学生活就是"我们那时已经是现在所追求的素质教育啦"！

问：您最感兴趣的是什么课？

答：最感兴趣的是自然课和劳动课。自然课嘛，印象最深的是有个实验，是做热气球，我在前期查阅资料的基础上，利用简易材料亲手做成并放飞了热气球，这也让我第一次认识到物理知识的伟大。我们那时候还会有劳动课，同学们都感兴趣，这样的课程，不会被语文、数学等主课所侵占，当然也不是全部做劳动，有时也做做小手工，比如说学习编织端午节时候胸口挂鸡蛋的网袋，有时，课间也会穿插一些很有趣味的知识竞赛答题等。

问：您参加过学校组织的夏令营活动吗？有什么收获？

答：我记得我四年级时去西山夏令营，那时候还没有太湖大桥，我们从南门轮船码头坐船到西山，石公山的一线天和林屋洞的洞外骄阳似火、洞内清凉温润的感觉，至今记忆犹新。哪怕现在在吴中区工作，每次说起石公山和林屋洞，就会想起这次夏令营。五年级暑假，是去的浙江天目山夏令营，印象最深的是，大巴在路上抛锚，两个男老师留在大巴上看守我们的行李，顺便等待维修师傅的到来；我们大家在几位女老师的带领下，手拉手在路上走，不知道走了多远，不记得走了多久，只知道天黑后走到了一所学校，就在学校休息，吃了老师给我们下的面，填饱了肚子，感觉老师对我们真好。六年级是去的张家港，那一年大家都毕业了，很多同班同学没有一起去夏令营，印象最深的也就是张家港的"干净"。

问：学校除了组织夏令营活动之外，有没有春游、秋游？您回来之后写作文吗？

答：除了夏令营活动之外，我们那时候也会出去春游、秋游，很多都是"远足"，走到大公园，走到横山烈士陵园。当然，也去过嘉兴南湖、无锡、东山等地，那时真的是"又爱又恨"，很期盼去玩，但是，又很怕回来之后写"我的春游／秋游"这样的作文。

问：您在小学读书期间，有哪些事给你留下深刻印象？对您今后人生道路有什么启迪和影响？

答：记得是小学二年级，学会了查《新华字典》，语文老师柳崖涓要求我们回家查"豹"这个字的偏旁部首是什么。回家之后，按照老师要求，我认真查阅了《新华字典》。第二天语文课上，柳老师检查作业，问了很多同学都回答是"bào（豹）"字旁，柳老师就问有没有人有其他的答案，请举手。我就举手了，说是"zhì（豸）"字旁。最后柳老师说我答对了，并表扬我学习认真。虽然那时候，也不懂这件事对我今后会有什么影响，只是当时总期待着被老师表扬，心里是乐滋滋的。但是现在回过头来看，这件事对我今后影响蛮大的，无论是在初高中阶段，还是大学、研究生阶段，甚至入职工作以后，在治学和处事上讲认真，已成为我一种良好的习惯。

还有记得在四年级的时候，有一次下课前，老师说，下周将举行校运动会，大家挑自己擅长的项目，踊跃报名，争取取得好成绩，为班级争光。此话一讲，好了，这次下课，同学们都去操场上寻找自己擅长的项目了。那时，我们的学校很小，跳远的沙坑就只有一个，下课就只有10分钟，为了多练习，大家排队相向而跳，但是遇到两个高手正好一起相向而跳，最后撞了一起，一个同学撞成了脑震荡。"意外"发生后，班级还特意组织班会，让大家谈谈对规则的认识。我就想，什么事都应该有规则，谁违反了规则，就要受到惩罚。后来，朗诵《孟子》，读到"不以规矩，不能成方圆"这样的格言警句，对规则认知就更为深刻啦！随着自己慢慢长大，越来越意识到社会规则的集大成者，就是法律。后来我就立志要去学习法律，把这个社会的规则制定好、执行好、维护好。我大学、研究生都是学法律的，学习了 7 年。

问：在小学读书时，班主任单独和您谈过心吗？

答：有的。记得有一次，我与同学因琐事发生争吵，还打架了，当时的班主任与我进行了一次语重心长的谈话。他说，男人必须要有强大的力量，这种力量可以体现在拳头上，更能体现在一个人的知识、涵养和智慧上，但是，不管是什么形式的力量，有一点是不变的，力量是用来保护所爱的人的，而不是用来欺负弱者的。老师的一席话语我至今铭记在心，终身受益。

问：您离开母校这么多年，同班同学之间还保持联系吗？您还牵记小学任课老师吗？

答：我们现在小学同学还是有联系的，以前有 QQ 群，现在有微信群。2015 年 7 月 10 日，我们以毕业 20 周年为名，相聚在东大街小学校园，共叙同学情谊。我们在黑板写了"六载师恩难忘、再叫一声老师好、廿年终回母校、互问一句你还好"，印制了"壹班回归，我们的廿年"文化衫，戴上了红领巾，邀请了我们的李勇老师、顾佩玲老师，还有我们的启蒙老师——一、二年级的语文老师柳崖涓。柳老师已经 70 多岁了，一头银发，慈祥端庄、和蔼可亲。她在讲台上动情地讲："很高兴能够参加你们毕业 20 周年的聚会，关键是你们还能想到我，我真的非常非常激动。能够和你们在一起，我自己也感觉很青春很年轻。希望你们友谊长存，也祈愿能再多次参加你们的聚会，分享你们的成长，分享你们取得的成绩。"

问：老师对你们寄予厚望，希望分享你们的成长，分享你们的成绩，你们没有辜负老师的期望吧？

答：是啊！我们没有辜负老师的期望。在老师的教育培养下，我们成长并成才。在我们班级的同学中，有北大、南大的历史学、气象学博士，有开民航飞机的机长，有穿梭于欧洲国家间的电脑防病毒专家，有规划设计院的工程师，有苏州广电总台的记者，有苏州多所学校的老师等，都在各自岗位贡献着自己的力量。

2017 年 11 月 27 日，陆军当选中国工程院院士。《苏州新闻》报道了这件事，采访了陆军的班主任，电视画面上字幕显示，这位班主任是东大街小学校退休老师，让我们惊喜的是，这位新当选的中国工程院院士，竟是我们东大街小学校的校友。我们在微信群里纷纷议论，东大街小学校的"素质教育"终有硕果，我们为能有这样的校友而感到十分自豪。

苏州市虎丘实验小学校

陈巧新

百余年来，苏州市虎丘实验小学校沐浴着虎丘、山塘敦厚淳朴民风，得到政府和社会各界重视，由小而大，渐成规模。

光绪三十年（1904）江苏巡抚端方奏准开办学堂四十所（俗称奏办学堂）。光绪三十二年（1906）七月，章钰陆续创办十校，其中官立初等小学堂第二十校属元和县，定址在山塘丁公祠，即虎丘实验小学校之前身。创办之初，编制为单级，有学生40人，教员2人。光绪三十三年（1907）冬由孔昭晋继任。1912年1月，学校名为吴县苏州市立初等小学阊区二校。1915年4月，校名为吴县苏州市立国民学校阊区二校。1923年8月，改称吴县苏州市立第二十七初级小学校。1927年8月，校名改为吴县半塘初级小学校。

1934年，由校长姚宏功发起，地方人士蒋柏如、陈怀清、郁风苏、马宝林、许其正、范云生、施云福、陆云山、诸南生、范志坚、钱诚彬、徐福林、沈清臣、陶元福等14人组成修建半塘小学校舍募捐委员会，有106人、15家商号参与，多则50大洋，少至3角，募捐了400余元及桐油等建材若干，修建校舍的收支进出款项刻于《修建半塘小学校舍记》石碑，该石碑完整保存在老校的礼堂东墙。1937 年苏州沦陷，学校停办。1939 年 9 月复校。1943 年，校名为吴县半塘小学校。1946 年改为吴县虎丘半塘中心国民学校，1947 年 3 月改称吴县虎丘镇中心国民学校。1948 年增设幼儿班，借唐家祠堂、学校东隔壁许家及水龙公所为校舍。

1949 年 11 月，学校更名为苏州市立虎丘中心国民学校，下属国民学校 5 所，私立学校 11 所，其中 5 所国民学校为万里、湖田、虎阜、三会、金巷，11 所私立学校为广运、民船、郁氏尚德、惠群、敦仁、星群、育民、公益、三友、惠农、培民。1951 年改称苏州市虎丘中心小学校，是年 4 月借陶家祠堂、顾得其酱园作坊为校舍。1959 年翻建大礼堂。1960 年 2 月，与湖田中心小学合并，更名为苏州市山塘中心小学校，10 月，学校从金阊区划归郊区管理，恢复名称为苏州市虎丘中心小学校。1966 年，学校一度停课，有的教师被批斗，有的老师被下放劳动，教育事业蒙受巨大损失。1968 年"复课闹革命"，学校归属虎丘公社，改名为苏州市虎丘公社虎丘小学校。1978 年 8 月恢复名称为苏州市虎丘中心小学校。

1995 年，虎阜小学并入。1999 年，改称苏州市虎丘镇第一中心小学校。2001 年，学校易名为苏州市虎丘第一中心小学校。

2006 年 6 月 29 日，苏州市副市长朱永新来到学校视察调研并参加百年校庆，为学校提出了许多宝贵的意见，还挥笔写下"百年纵情"四个大字，以示祝贺。

2012 年 9 月，经过两年建设，易地新建的苏州市虎丘中心小学于虎丘山麓白洋街 666 号举行落成典礼。新校按 8 轨 48 班规模设计，占地面积 35424 平方米，建筑面积 21139 平方米，现有 46 个教学班，学生 2113 名，教师 108 人。新校在建设之初，就着力打造粉墙黛瓦的园林式校园、设施先进的现代化校园和底蕴醇厚的书香型校园。新校设有多媒体阅览室、计算机网络教室、图书室、音乐室、舞蹈房、科学实验室、美术室、劳技室等 20 多个专用场室，以及能容纳 326 人的报告厅，还建有 300 米环形跑道和 2038 平方米的体育馆、艺体楼。

2017 年 9 月，学校正式更名为苏州市虎丘实验小学校。

"志洁行芳"为学校百年校训，志向高洁，品行端正，它浓缩了前辈们对师生的要求与希望，鼓励莘莘学子构建更崇高的精神追求和更远大的理想抱负，也代表了师生们对教学目的的最高理解与对教育终极价值的追求。历年来，学校坚持走特色办学之路。在"国防教育要从娃娃抓起"这一理念的引领下，始终把国防教育放在学校工作的重要地位，1992年成立"虎丘少年军校"，逐步构建了独特的育人模式，在社会上产生一定影响。学校先后获得全国国防教育特色学校、江苏省首批国防教育示范学校、苏州市教育信息优化先进学校等荣誉，还被评为市拥军优属先进集体、市国防教育先进单位、市双拥先进单位、市军警校示范学校等。

校史人物

姚宏功（1901—1987），字育才，祖籍吴县湘城渡船头村，生于沺泾村。上海龙门师范学校毕业。1929年至1937年间任吴县半塘初级小学校长。1939年5月，被委任为吴县第七区（湘城区）区长，周旋于土匪、日伪军头目之间，以其身份保地方百姓安宁，并暗中助"江抗"抗日，抗战胜利后创办协隆号轮船。

周培元（1905—1980），20世纪40年代起担任本校校长，任职期间，"联络地方，修理校舍，治校勤奋，校风优良，深得学生、家长之信仰"。学校也由初小变成完全小学，还被吴县教育局指定为管辖附近公、私十校的中心小学校。

历任校长一览表（1906—2017）

任职时间	姓名	备注
1906—1907	章钰	总理
1908—1912	孔昭晋	总理
1912上半年	陶寿荣	
1912—1915	吴嘉锡	
1915—1927	陈鸿华（梓炎）	
1927—1929	胡炽昌（啸梧）	
1929—1937	姚宏功（育才）	
1939—1942	徐秉文	

任职时间	姓名	备注
1942—1951	周培元	
1951—1952	曹征舆	
1952—1953	朱敏学	
1953—1960	程学吟	
1960—1961	陈启昌、王金宝	
1961—1966	钱小宝	
1972—1975	邱沫舟、许鑫泉	校革委会负责人
1976—1977	严国源	校革委会主任
1977—1978	侯汉铭	校革委会主任
1978—1982	钱小宝	
1982—1985	沈兰娣	
1985—2000	钱妙强	
2000—2009	徐惠泉	
2009—	许缨	

专访苏州市虎丘中心小学校原校长钱妙强

口述者：钱妙强
访录整理：陈巧新
访谈时间：2017 年 11 月 8 日
访谈地点：虎丘实验小学校

问：请介绍下您个人基本情况。

答：我的名字是钱妙强，生于 1944 年 5 月，苏州人，从小在网师园附近的
阔家头巷长大。

问：您是什么学校毕业的？哪一年参加工作？之后有什么样的工作经历？

答：我在新苏师范普师专业读了 3 年，毕业后，1962 年我来到山塘街上的
虎阜小学，一开始担任四年级的数学老师，另兼一至六年级共 12 个班
级的体育老师。3 年后，我调到虎丘乡任文教干事，后又任乡宣传干
部。当时虎丘乡 13 个大队虽都设耕读小学，但虎丘周边农村孩子入学
率低，我的工作主要是辅导当地农村学校聘请的教师，提高他们的教
学水平；从事成年教育，办好扫盲识字文化提高班；辅导农村中学辅
导干事。

问：您是哪一年来到虎丘小学的？当时有怎样的想法？

答：1982 年，我来到虎丘小学任小教党支部书记，小学校当时只有 3 名党
员。对于这次调动，我是服从又喜欢，因为我对学校教育工作是熟悉
的，又回去干老本行，我由衷欢喜。1985 年，我开始担任校长兼党支
部书记。

问：小学校给您留下的初步印象是怎样的？

答：当时面对的情况主要是学校教育质量普遍不高。当时学校隶属郊区文
教局，虎丘和长青的两所小学校排在郊区"老三老四"后两位，所以
工作的压力非常大。但是压力就是动力，我那时内心有一股劲，一定
要团结师生，把学校的教育质量提高上去。

问：您来到学校后是如何着手提高教育质量的？

答：先调查摸清虎丘片区的教学工作情况，当时整个虎丘辅导区有 100 多名教师，正规师范毕业的教师少，半路出家的多，有的代课老师还是由抽上来的知青担任，俗称"赤脚老师"，学生有 2000 多名。我工作的侧重点放在教学质量的同步提升上，中心学校要起到示范辅导作用，示范就是办好中心校、树立榜样，辅导就是对学区一般完小进行指导。在这方面抓好两件事，一是加强完小的校园建设，形成良好的办学环境；二是加强教师队伍建设，以中心校带动完小，不断提高教师的教学水平和能力，促进教学质量的不断提高，同时规范学校管理，与中心校同步。

为尽快提高教学质量，我们以争创"四个一流"抓校风校纪和教学，包括一流的设施、一流的师资、一流的教学、一流的办学水平。围绕"四个一流"，我们首先搞好"六室一场"建设，包括微机室、语音多媒体实验室、音乐美术室和运动场。师资建设方面，抓好两支队伍，即青年骨干教师队伍和班主任队伍，稳定师资力量，培养青年教师队伍作为中坚力量，采取"走出去、请进来"的开门办学理念，与常州花园小学结对挂钩，带领青年教师走出校门去交流学习，还率先在郊区从三年级就开设英语课。我们的宗旨是：不追求最好，但要追求适合自己的教学。课程建设方面，抓好课堂教学和教学科研工作。办学水平建设则坚持以法治校、以法治教，健全各项规章制度、考核制度，提高常规管理水平，创建文明学校。学校以后获得了市级文明单位和市常规管理示范学校等荣誉，都和我们日常过硬的管理密不可分。

问：作为一校之长，贵在创新，您在这方面是如何带领教职员工开拓进取的？

答：应该说正好赶上了改革开放的好机遇，教育春天的到来也普惠到了我们虎丘。借政策的东风，我们兴办起红红火火的校办厂，一年创收达到 100 万元，有了资金后盾，我们建成了校广播站，率先在郊区学校开设电脑室和语音室，不久 5 亩半的大操场也落成了。

问：担任学校领航人，您的办学理念是什么？又有哪些收获？

答：在学校，我的办学理念是全面发展，教书育人。从 1985 年开始，学校教学质量迎来双丰收。至 1995 年，学校教学质量也收获了 10 年黄金期。

问：能不能说说工作中难忘的经历和印象深刻的故事？

答：从 1985 年任校长后，我在这个岗位上一做就是 15 年，也成了我们学校担任校长职务时间最长的一位。在学校我始终把教书育人作为工作的最高境界，并围绕学生的德智体美劳展开。其中最难忘的事情是我们学校的手拉手德育教育，通过《中国少年报》与老区的江西叶萍中心小学爱心结对，每学期开学第一天师生自愿捐款，这成了我们学校的优良传统。买一套广播器材、在每个教室建图书角、学校建图书馆、帮助贫困学生、每年赠送 60 份《中国少年报》……这个爱心传递一直延续到了现在，还将作为优良传统持续下去。还有就是我们于 1992 年开设的虎丘少年军校，让每一个学生从小在这所特殊学校接受国防教育和爱国主义教育，经历人生的第一次锤炼，练就强健的体魄和顽强的意志。对每个从少年军校毕业的学生，我们都会颁发毕业证书，既是鼓舞更是激励。学校因此独特的国防教育模式，先后被评为"苏州市拥军优属先进集体""苏州市双拥先进单位""苏州市军警示范学校"。2013 年 12 月，学校获评江苏省国防教育示范学校。2016 年，学校又被评为全国国防教育特色学校。虎丘少年军校的举措还在苏州市少代会、江苏省国防教育工作推进会上做过专题介绍。

专访苏州市虎丘中心小学校原副校长鲁芬

口述者：鲁芬
访录整理：陈巧新
访谈时间：2017 年 11 月 8 日
访谈地点：虎丘实验小学校

问：请您介绍一下个人基本情况？
答：我叫鲁芬，1944 年 5 月生，1989 年被授予"江苏省优秀教育工作者"
　　称号，正是这一殊荣，让我光荣入选苏州教育博物馆名人录。

问：您是什么学校毕业的？哪一年参加工作？之后，有怎样的工作经历？
答：我于 1963 年 7 月市十中高中毕业后，受家庭成分影响不能继续深造，
　　当年 9 月到张家港常阴沙农场插队，因劳动受伤，3 个月后返城，当
　　过代课老师，1965 年底来到虎阜小学，历任虎阜小学大队辅导员、教
　　导主任，虎丘中心小学校副校长。

问：您是哪一年来到虎丘中心小学校的？
答：1984 年下半年，我从虎阜小学调至虎丘中心小学校担任副校长。

问：作为一名老师，能不能说说您的教书风格和育人心得？
答：成为一名合格的教师，光有知识是不够的，还要有驾驭教材、驾驭课
　　堂、驾驭学生的能力，使学生从老师要我学，变成自己要学，发挥学
　　生的主动性、积极性、创造性，建立自信心。因此，我除了钻研教材，
　　虚心向有经验的老教师请教，同时细致地观察了解所受教的学生，深
　　入他们的心灵，启发他们的求知欲望，激发学习热情。在我们学校，
　　有几个来自苏州市社会福利院的孤儿，对这几个孩子我是充满母爱地
　　手把手教他们，让他们能跟上学习进度，其中的钱英，我陪伴她读完
　　小学，送给她新衣服、食品，也买过学习用品，有时假日还带她出去
　　玩，帮助她战胜内心的自卑，走向阳光，成为班级的骨干。毕业后，
　　她继续求学深造，通过自己的努力考取了苏州大学，圆了大学梦，现

在她拥有美满的家庭。

问：您教过的学生有没有印象深刻的？

答：印象最深刻的一名学生是徐海平，他非常顽皮，可是他数学上很有天赋，我就重点培养他，他的数学成绩一直名列前茅，参加市数学竞赛也取得了第二名的好成绩。他毕业后，还经常与我联系，他的父母也与我成为好朋友。后来他自主创业，在事业上很有成就。

问：在虎丘中心小学工作的这些年，有哪些收获？

答：在学校团队的齐心协力下，虎丘中心小学的教学质量从当时在郊区也算落后，一步一步进步，逐渐成为区、市乃至全国小有名气的一所学校，这是我最大的欣慰，也是我努力付出得到的最大收获。

问：您是哪一年正式退休的，介绍一下退休后的工作、生活情况？

答：1999 年我正式退休，退休后根据学校领导要求，继续负责退休教师的活动。每年的 6 月 1 日，我们退休老师都回到学校，与孩子们同乐，给他们买一些文具，奖励品学兼优的学生。有一年儿童节，我们给孤儿苏小丽买衣服、鞋子、文具用品等，还带她去游玩。此外，退休后我平时走访、慰问身边的老人，春节前与学校领导一起走访高龄教师，每年重阳节前，会在学校为年龄满五的退休老师组织祝寿活动，还有积极参加学校组织的爱心捐款，关心下一代。

问：学校乔迁新址后，有什么感慨？

答：到了新学校后，我们感慨万分，这么美的校园，这么先进的教学设备，这么大的校舍，这是老校舍无法与之相比的，这样优越的条件也是一个老教育工作者梦寐以求的。

专访苏州市虎丘中心小学校肄业生平龙根

口述者：平龙根
访录整理：陈巧新
访谈时间：2017 年 11 月 8 日
访谈地点：虎丘实验小学校

问：请介绍一下您个人的基本情况。

答：我的名字叫平龙根，男，1954 年 6 月出生。历任金阊区委常委、区委宣传部部长、区政府常务副区长、区委副书记、区政协主席，姑苏区政协调研员。

问：简要说说您的家庭情况。

答：我家原住在苏州市郊区虎丘公社虎丘大队第五生产队，即山塘街内青山桥浜 51 号。

我们家兄妹 4 人，母亲长年患有哮喘，只有父亲一个人为主要劳动力，当年仅靠每月 13.5 元的预支费及生产队自产自销的少量粮食、蔬菜等作为生活来源，因此家庭经济情况比较拮据，我放学后还要割草、晒草干等以贴补家用。

问：您是哪一年进小学学习的？

答：那是 1961 年 9 月，我 8 岁那年读的小学。虽然学校离我们家不过 1 里地左右，但是在此之前我从未进过学校的大门。虎丘中心小学是我唯一的母校，在我入伍前，我在这所小学读了 4 年半，就因"文革"停课而辍学了，后来我再也没有入校读书的机会了。对于学校，对于老师，我有着深厚的感情。我爱人、女儿的职业都是老师，这与我小学时的老师情结有很大的关系。

问：您在学校时，一年级的班主任是哪位？留给您怎样的记忆？以后有没有联系过？

答：读一年级时，我们的班主任是位年轻女教师，名叫王荣榛，印象中的王老师高挑的个子，喜欢穿连衣裙，穿着比较时尚、有气质。王老师教我们语文，她是一位很有人情味和亲和力的老师，印象最深的是冬天教室里寒冷，讲课中间她会让我们搓搓手、跺跺脚，待我们稍稍暖和了再接着讲课。参加工作后，我还去王老师家中拜访过她，感谢她的教育之恩。

问：在学校时，还有哪些老师留给您美好的印象？

答：在小学时，我尽管家庭困难，但学习成绩很好，先后当过班长、少先队大队长。学校里师生关系融洽，每一位老师都像妈妈一样和蔼可亲。班主任庄玉英老师是我喜欢的好老师之一，四年级时因家里经济困难，我有中断学习的打算，可当我连着两天没有上学，庄老师马上上门家访，动员我继续上学。教我们音乐的是陈咏梅老师，她美妙的歌声和琴声使我们陶醉在音乐中，在她的帮助下，我学会了唱歌、识简谱。有一次，她单独把我叫到办公室，让我唱了一首刚学会的新歌，她期许的眼光让我至今记忆犹新。体育老师戴春潮我也印象深刻，体育课有跳"山羊"项目，当时缺少训练器械，老师就让其中一名同学弯腰90度充作"山羊"，另外一名同学骑跨跳过去。这个项目与我入伍后器械训练中的跳木马训练很相似。傅义民老师除教授数学外还兼书法和总务，他的课同学们都喜欢听，因为他会讲故事，让我们听得津津有味。还有一位叫曹松林的老校工，他以校为家，待人和气，除上下课摇铃外，他还负责刻钢板油印。还有钱小宝校长、郁月英老师等，都给我留下了深刻的印象。

问：小学时最喜欢的课程是哪几门？

答：小学时，语文和音乐是我最喜欢的课程。我喜欢上语文课中的写作课，每当作文被老师评为范文贴在学校的橱窗里，我就特别高兴。为了写好作文，我把在舅舅家发现的一本关于景物描写、人物刻画的书籍借回去，全部抄写在练习本上。音乐课也是我喜欢的，老师教会我识简谱后，我还花了1.96元买了一把二胡，空下来就会拉一拉，自娱自乐。

问：在学校时，有没有关系密切的同学？至今还有联系吗？

答：小学时我们一个年级就2个班，分成甲班和乙班，我在乙班，一个班有40多名同学，由于大家都住在山塘街附近或虎丘村，是从小一起长大的小伙伴，因此从小到大都非常亲热。即使现在退休了，我们部分同学每月还会相约聚会一次。我们还建了一个"发小聊聊乐"微信群，每天群里都热闹得很。

问：小学学习生涯是人生的启蒙阶段，也是人生成长期，给您人生最大的收获有哪些？

答：一是奠定了我的文化基础。比如通过学习汉语拼音，我学会了查《新华字典》，具备了自学能力。通过学习算术，我具备了一般运算能力，基本满足了生活和工作的需要。通过学习简谱，我培养了对音乐的兴趣爱好。而"授之以渔"的学习方式，更使我终身受益。后来我在部队上文化轮训队学习初中课程，又考上宝鸡教育学院中文系，都与那时奠定的文化基础密切相关。

二是打造了我的生命底色。在学校里，无论学生家庭贫富，老师们都一视同仁，只凭学习成绩和思想品德评价学生，增强了我自强自立的信念。学习雷锋等英雄人物的事迹，启蒙了我爱党爱国爱家乡的朴素情感，形成了比较正确的人生观和价值观。

三是培养了我的生活情趣。对于写作的热爱，使我养成了"闲来一本书，床头一支笔"的习惯，从借书、抄书到写书、出书，先后4次获得市政府哲学社会科学优秀成果奖，开拓了我的视野，收获了成功的喜悦。而对于音乐的热爱，潜移默化地陶冶了我的艺术情趣。我创作的歌词在省里获奖，我参加的歌咏队多次参加市、区级演出，大大丰富了我的业余文化生活，对有关工作的开展也有很大的帮助。

问：读书时学校给您留下了什么印象？母校的特色有哪些？

答：我很荣幸从小在山塘街这一所百年老校读书，学校里的祠堂、牌楼等使我从小耳濡目染厚重的吴文化。母校的特色表现在，一是悠久厚重的历史底蕴；二是有教无类的平民情怀，学生不分贫穷富贵，大家均一视同仁，是真正的平民学校；三是造福桑梓的办学宗旨，母校是虎丘村、茶花村和山塘街西段几代学生共同的母校，为这片故土培养了不计其数的人才；四是授之以渔的教学传统，注重教学方法改进，重视素质教育，学生自学能力强，动手能力强，适应社会能力强；五是亲如家人的师生关系，老师就像妈妈一样和蔼可亲；六是与时俱进的发展理念，由山塘街上利用祠堂（即丁公祠）改建的小学，发展到虎丘山麓金阊新城的配套小学，由一般完小发展为实验小学，校园面积、教学设备、吸纳能力等都发生了根本性的变化。

问：离开虎丘中心小学后，您又有怎样的人生经历？

答：在母校读完五年级上学期后，我就回家照顾母亲和弟弟妹妹，后又顶替患病的母亲在工程队做小工。1969 年，16 岁的我开始回村务农，正式参加劳动。1972 年 12 月入伍，在部队里，从战士、文书到作训股参谋、步兵连连长，后来又担任师作训科科长（中校军衔），每当有一点进步，我都会想到母校的培养教育。1992 年 9 月转业到地方后，我一直在金阊区工作，后来有幸分管山塘历史街区保护性修复工程。

问：工作后，有没有和母校产生交集？

答：2006 年我有幸参加了母校百年校庆活动。此外在分管山塘历史街区保护性修复时，参与了古建筑"校史陈列馆"的修缮工作，我觉得这是对母校的最好回报。

苏州市草桥实验小学校

陈其弟

    苏州市草桥实验小学校位于草桥弄（原名石桥弄）4 号，创建于清光绪三十二年（1906），初名长元吴公立高等小学堂，创办人为王同愈、蒋炳章、吴本善、彭福孙，聘请朱葆龄、章慰高、龚鼎驻校办事。最初的校址在十梓街夏侯桥东堍的一所民房，翌年迁草桥南堍校舍，翌年再迁左旁。招收学生 40 人，教师系日本留学归来的师范毕业生。经费由旧时书院拨给，年支银 6000 多元。

    1912 年，改名为吴县县立第四高等小学校。1913 年，有学生 202 人，教职员 12 人，全年经费银圆共 3488 元。1926 年 8 月，按照新学制改编为完全小学，改称吴县县立第五小学校。1927 年，改名吴县城中小学校。1929 年 8 月，改为苏州市城中实验小学校。1930 年，改称吴县县立草桥小学校。据 1936 年《苏州明报》报道："草桥小学校长蔡序保办学具热忱，指导教员服务能以身作则，各教员处理课卷均能认真，应请嘉奖。"1937 年，学校规模发展至 14 班，学生 887 人，教职员 20 人。抗战时停办。

    1940 年 2 月，江苏省立苏州模范小学开办，校址在公园路草桥弄，7

月，改称江苏省立苏州实验小学校。抗战胜利后，原江苏省立苏州实验小学校施仁夫奉命复校，因三元坊实小校舍破坏待修，先行接收伪实小在草桥小学原址复校。一年后，三元坊校舍修复为省立苏州实验小学一院。草桥部分为苏州实验小学二院。1952年冬，苏州市第一批私立、教会学校改为公校，苏州市实验小学二院附近有教会办的乐群中学附属小学，接收后改为市实小三院。1953年10月，调整校舍，市实小二院并入三院，设在石桥弄乐群中学附属小学原址。

1955年，市实小三院单独设校，复名苏州市草桥小学校，由原实小三院主任徐云深任校长，划归观前学区干将辅导区。1959年，改划入沧浪区平直辅导区。1972年，人民路小学（原三元民办小学）改为草桥小学二院。1973年2月，二院撤销，有5个班级并入本部。至1999年底，全校有11个班级，505名学生，24名教职员工。2000年9月，钟楼小学并入。2010年4月，始称苏州市草桥实验小学校，有6个年级共18个班。

通过百年办学的积累，苏州市草桥实验小学逐渐形成了"求真、刻苦、拼搏、平凡"的核心教育内涵，"文明、勤学、守纪、团结"的校风，"严谨、扎实、创新、求活"的教风，"勤思、好问、细心、求精"的学风。

学校以科技教育和体育为办学特色。自1983年起，学校成立苏州市最早的天文兴趣小组，开展重要天象的观测活动，成绩斐然。1988年，校天文小组师生访问香港太空馆。1995年，参加中国天文学会赴泰国日全食天文科学观察活动。1996年，学校建成苏州城区第一所小学天象馆，被命名为沧浪区青少年科技活动基地。1997年6月，学校被评为省天文活动先进单位。1998年7月，被评为省青少年科技教育特色学校。

足球是草桥实验小学的传统项目。1978年，学校被评为江苏省群众体育先进集体。1983年至1985年，校足球队连续3年获苏州市流动杯足球比赛冠军。1985年和1986年，校足球队两次代表苏州市参加在建湖县和泰州市举行的省"萌芽杯"足球比赛，均获冠军，并被称为省足球"传统学校"。1985年，被评为省体育传统学校先进集体。1998年9月，学校获市政府"江苏省十四届运动会突出贡献奖"。同年12月，被评为苏州市特色体育项目学校。培养出了世界举重冠军陈艳青、唐卫芳，田径新秀陈珏、陆斌。

此外，学校还开设了"小草诗社"，开展评弹艺术教育、民间剪纸艺术教育、美术教育等丰富多彩的校园文化活动。

一般学校都设立校史馆，草桥实验小学却独辟蹊径建立名人馆。2010年4月29日，学校将红楼重新修缮，举行名人馆落成典礼。名人馆突显育人功能，与学校作为教育主体相匹配。馆内展出百年来从该校走出的知名校友，如教育家叶圣陶，历史学家顾颉刚，画家颜文樑、吴湖帆，版本目录学家顾廷龙，钢琴家李健，作家范小青，奥运冠军陈艳青等，让学生深受教育。学校还编写名人文化校本教材《草根集》和拼音读本《草根娃》。

学校力求挖掘名人资源，让学生时刻铭记学校的名人精神，不断鞭策自己，从而激发学生奋发学习的热情。

为传承百年文化，学校恢复了原有的班名特色。建校之初，学校创办人王同愈提出了"宣礼、尚德、发悟、肃志"的八字校训，随后进一步将其丰富至18个字，即"勤信忠、智仁勇、真善美、庄敬诚、和平义、文明礼"。当年，就用这18个字来为班级命名，一度成为草桥小学的一大特色。如一年级一班为"勤"班，一年级二班则为"信"班，以此类推。班名复古，既是对草桥百年文化底蕴的传承，也是百年老校优秀教育传统融入现代教育的一种体现。

学校还借此开展"听、说、读、写、画名人"系列活动。通过探访名人足迹、寻访名人故居、探望名人后代、搜集名人资料等主题鲜明的活动，让学生近距离了解名人事迹、汲取其精神力量，让名人精神不断激励学生前进。

历任校长一览表（1906—2017）

任职时间	姓名	备注
1906—1910	王同愈	总理
1910—1911	蒋炳章	总理
1912—1928	朱葆龄	
1928—1937	蔡序保（绍裹）	
1940.2—1945.10	韩秉直（履周）	
1945.11—1945.12	施仁夫	

任职时间	姓名	备注
1946.1—1951.1	瞿艺丰	
1951.1—1953.3	嵇同耀	
1953.3—1955.2	汪詠沂	
1955.3—1959	徐云深	
1959.2—1960.2	钱浣溱	
1960—1961	葛振华	
1961—1962	汪绮玉	
1962.10—1979.12	陈启昌	
1980.1—1982.2	濮秀云	
1982—1983	印渭基	副校长主持工作
1983.2—1985.8	夏俊杰	
1985.8—1989.8	郑剑荣	
1989.9—1990.12	沈采玲	
1991—1993	乔建华	
1993.8—1994.8	张颖	副校长主持工作
1994.8—1995.8		
1995.8—1997.8	徐玉英	副校长主持工作
1997.8—2009.7		
2009.7—2017.8	杨瑛	
2017.8—	吴珏	

专访苏州市草桥小学校原副校长陈素英

口述者：陈素英
访录整理：陈其弟
访谈时间：2018 年 1 月 31 日
访谈地点：虎丘路 88 号苏州市地方志办公室

问：听您口音好像不是苏州城里人？
答：我是太仓人。

问：那您什么时候来苏州工作的？
答：我是 1987 年寒假选调过来的。刚开始在城南小学，送掉两个班后，调
    到盘新小学，在盘新当副教导，也送了几个班。

问：那您是什么时候到草桥小学的?

答：那是 1994 年，我调任草桥小学副校长。

问：您在学校教什么课?

答：主课是数学，基本上都教毕业班。偶尔也教五年级。副课么，教科技什么的。

问：您在学校的时候，学校规模怎样?

答：两轨 12 个班。

问：您在学校的时候，有什么印象较深的事?

答：钟楼小学并过来。

问：您教的学生中有较出色的吗?

答：有个叫章晓的，曾在园区工作，现在已经去美国，拿到绿卡了。

问：您是哪年退休的?

答：2001 年。

问：您对小学教育的最深感受是什么?

答：小学教育的难点在两头，低年级要让学生养成好的学习习惯，高年级要系统复习和梳理学到的知识。

问：您对草桥小学的总体印象是什么?

答：老师工作认真踏实，体育很有特色，主要是足球。还有个天文馆，科技方面天文也是一个特色。

专访苏州市草桥小学校 1957 届毕业生周国忠

口述者：周国忠
访录整理：陈其弟
访谈时间：2018 年 2 月 5 日、2 月 7 日
访谈地点：虎丘路 88 号苏州市地方志办公室

问：您是何时上的草桥小学？

答：我是 1951 年进入草桥小学上学，当时是实小二院，不在石桥弄，二年级的时候才搬到现在的位置。

问：当时教您的班主任老师还记得吗？

答：叫周丽芳，是语文老师，我一、二年级时的班主任。

问：您对小学期间印象最深的人和事是什么？

答：因为学校在大公园边上，我们在课余时间经常去公园里玩。现在的校史馆是当年的幼儿园。还有，我们学校的老校门现在还在，不过现在不开啦。门上有子弹孔，是日本人打的，这是爱国主义教育的实物。

问：在草桥小学的学习生活对您一生有什么影响？

答：老师的教学态度严谨。编班的方式是以"宣礼、尚德、发悟、肃志"八字校训循环编的，能让学生时刻牢记校训。

问：您什么时候从草桥小学毕业的？

答：1957 年。

问：听说您插过队？

答：是的，在苏北滨海的滨黄大队。1969 年插队，1979 年回城。

问：回城后您当了个体户？

答：是的。不瞒你说，我还是观前街玄妙观 1 号摊主。

问：您还是人大代表吧？

答：是的。1987 年从平江区人大代表"升"为苏州市人大代表，已经连续七届了，从第十届到现在第十六届。

苏州市胥江中心小学校

徐维新

苏州市胥江中心小学校，前身是创办于清光绪三十二年（1906）的官立初等小学堂第十三校，1912 年后改为吴县苏州市胥区第一初等小学校，校址也由长元县学东廊迁往胥门外泰让桥堍水仙庙。1913 年，小学设一年级至四年级，编制为单级，有校长 1 人，另有专科教员 2 人，有男学生 20 人、女学生 4 人。所设学科为修身、国文、算术、唱歌、体操、图画、手工等。

此后学校多次易名。1915 年改称吴县苏州市胥区第一国民学校，1923 年改称苏州市立第二十八初级小学校，1927 年 8 月改称吴县县立胥江初级小学校，1929 年改称苏州市胥江小学校。

1929 年 8 月，原苏州市立第二十九初级小学校并入苏州市胥江小学校。苏州市立第二十九初级小学的前身，是创办于宣统二年（1910）正月的简易识字模范学塾第六塾，位于胥门外福元公所[1]。1911 年，由贡生胡宗智（字新知）担任塾师。民国初，学塾改为苏州市胥区第二初等小学校，胡宗智为校长。1913 年学校学生有男生 32 人、女生 6 人。

1930 年 7 月，学校改称吴县县立胥江小学校。1934 年胥门一带学生增多，学校在嘉应会馆设分校舍。是年 8 月，学校设有 9 个班，有学生 472 人，教职员工 12 人。

抗战时期，苏州沦陷后，学校一度停办。1938 年 2 月，原校长朱鸿基为不使大批小学生荒废学业，自筹钱款，复校上课，设一年级至六年级，必修课中增加图画，随意科为手工、商业、农业，学校性质为私立完小。后学校由伪吴县教育局接办，改为县立小学。1940 年 10 月，朱鸿基校长去世，教育局派徐鼎元接任校长。

抗战胜利后，校名屡易，先后称吴县胥江万年中心国民学校、吴县胥江枣市中心国民学校。1947 年改称吴县胥江镇中心国民学校。1949 年 8 月改称苏州市立胥江中心国民学校，学校设有 10 个班（含幼稚园 1 个班），有学生 521 人，专任教师 16 人，附设民教部 3 个班。

黄培根收藏的学校故纸《苏州市立胥江中心国民学校学行报告单》《胥江中心国民学校学生爱国思想与土改思想考查表》所示：1950 年度第一学期苏州市立胥江中心国民学校校长为柳哲纯，教导主任为陈正之，教师中有一位四年级的级任老师江素珍。文化课程分别有：国语（又细分为说话、读书、写话、写字），算术（又细分为笔算、珠算），常识，唱游（又细分为音乐、体育），工作（又细分为美术、劳作）。品德考查分别有：学习态度、集体观念、劳动观念、生活态度、意志力的表现、健康状况、出席统计等。学生另有爱国思想与土改思想考查。柳哲纯生前回忆亦提到土改：他是在 1950 年暑假中参加土改学习结束后接到市教育局委任状，被派到胥江中心小学当校长的。柳校长此处回忆有个小误，此时校名仍沿称苏州市立胥江中心国民学校，改称胥江中心小学的时间是 1951 年。据柳校长回忆：胥江中心小学在胥门外泰让桥堍水仙庙内，当时连幼儿班共 10 个班级，校舍破旧，10 个教室没有一扇玻璃窗，全用木板或芦席挡风。全校教师十五六人。学生多数是劳动人民子弟，当时学校有"二多"，一是女生多于男生，二是大龄女生多，往往弟弟妹妹读五六年级，而姐姐刚读一二年级，到毕业时已十八九岁了。年复一年，学生逐年增多，校舍不够，经多方联系，庙方让出房屋，最后大殿也让出改为大礼堂，另外又在枣市街胥台乡庙[2]设二院（时间应在 1952 年 8 月），以便该地附近的学生入学，同时在由斯弄王家后进开辟幼儿园 3 个班，万年桥大街（原民办初中）增添 2 个班，全校共 24 个班，有学生 1200 多人。1954 年吴家华来校掌教导，之后沈定一继任教导，少先队工作由卞君蔚老师负责，聘请校外辅导员（电厂、内衣针织厂等优秀团员）定期来校。校外辅导员很受学生欢迎和喜爱。

据 1956 年 2 月《苏州市公私立小学一览表》所示：胥江中心小学，校长柳哲纯，校址在胥门外大马路 500 号，有小学 18 个班、学生 936 人，幼儿园 2 个班、学生 112 人，教职员工中小学 28 人、幼儿园 2 人。胥门外大马路 500 号即泰让桥堍水仙庙庙址。

"大跃进"时，设在胥台乡庙的胥江中心小学二院扩建。1962 年，胥江中心小学二院改独立建制，称枣市街小学。20 世纪 60 年代有新马路小学（在虎啸塘岸，民办，后改为公办）并入枣市街小学。1999 年 8 月枣市街小学并入胥江中心小学校。

1968 年，学校改名为曙光小学，后恢复原名。20 世纪 70 年代小园上小学并入。小园上小学在泰让桥堍西侧，20 世纪 50 年代初为初级小学，人又称王庙小学。何谓王庙已不详。小园上小学并入胥江中心小学后，由斯弄的胥江中心小学附设幼儿园搬迁至原来小园上小学的校园内，由斯弄的幼儿园校舍在后来则用作胥江中心小学的校办厂。

因胥江河道的拓宽和泰让桥的拓宽建设给学校带来的影响，学校需要另择新址。1978 年政府在距胥江不远的阊胥路铁链浜拨地 9 亩 9 分为学校建造新校舍。1983 年 4 月 4 日胥江中心小学迁入胥江南面铁链浜新校址。

20 世纪 90 年代，胥江中心小学附设的幼儿园撤销，校园被征用。至 2017 年 6 月，胥江中心小学有在籍学生 366 人，班级 11 个，教职员 28 人；校区占地面积 6642 平方米，建筑面积 2780 平方米，学生活动场地 3203 平方米。

胥江中心小学校训"修己达人，和谐发展"。十年树木，百年树人。胥江中心小学校园内有 1983 年学校搬迁到新校址时栽种的一排排水杉树，当年种下这批水杉也是颇有一番苦心。老校长陈德荣回顾往事：学校要育人，要成才，而水杉树挺拔，寓意要做一个正直的人。老校长徐玲英说：学校把平淡和朴实作为我们的校风，目的是要培养学生平平淡淡、朴朴实实地做人做事；把勤而勉作为我们的学风，目的是希望孩子们在勤恳求学时不断地勉励自己，不断进步。

建校百年，与胥江为伴，胥江中心小学把胥江文化作为校园文化。2013 年学校编写了适宜小学生阅读的校本教材《胥江旧话》，让学生了解胥江，长大了立志建设胥江。"家校联动，形成教育合力"是胥江中心小学的办学特色，学校与家长之间相互合作，及时沟通孩子的教育情况，有助于孩子的发展。北京微软（亚洲）互联网工程院微软产品总监丁秉公受访时回忆自己在胥江小学的少年时光：印象中的学校经常开展家校联系活动，请家长到学校来参加一些活动，使自己在小学阶段养成了良好的学习习惯，一生受益。2015 年至 2016 年学校连续编印了家庭教育德育系列校本《尚礼贤书》《教子经》。《尚礼贤书》结合古今细说礼节，《教子经》以通俗的故事讲述育人的目的与方法。学校还编写了环保教育校本教材《青山绿水艳阳天》，宣传环境保护，从小提高孩子的环保意识。学校先后获江苏省家长示范学校、江苏省平安校园、江苏省绿色学校、苏州市德育先进学校、苏州市中小学校家庭教育项目学校等称号。

2017 年 9 月 1 日，胥江中心小学与胥香小学两校撤并重组，撤并采取"一校两区、资源重组、分段布点、统一管理"的办法，重组后以百年老校苏州市胥江中心小学为校名，胥江中心小学为校本部，胥香小学为胥江中心小学分校区。四年级至六年级的 465 名学生、12 个班在校本部；一年级至三年级的 386 名学生、9 个班在分校区。两校区的 50 名教师实现融通，两校区的招生区域合并。

校史人物

柳哲纯，名宗奎，苏州人，1903 年 8 月 6 日生。8 岁上学，先私塾，后考入吴县第三高等小学校[3]。毕业后，于 1923 年考入江苏省立第一师范学校，预科二年后升入本科（选读文科），入学第二学期由全班同学推选为班长，1926 年夏本科毕业。毕业后，得李叔良相助，谋得吴县私立纯一学校[4]教职。课余写作，先后有《儿童图画故事》20 册、《日本的故事》由苏州小说林书社出版，有故事和童话译著在《现代儿童》《新少年》《开明少年》发表。1937 年"八一三"事变后，纯一学校关门。苏州沦

陷后，纯一校舍又为伪县府所占。失业在家，与高粹之等9人创办私立敬一小学于吴殿直巷。校长高粹之病故后，暂行代理校长职。抗战胜利后，迫于生计，在玄妙观三清殿家传画张摊卖字画谋生。1949年向苏州教育局表示愿重返教育队伍。1950年春派至菉葭巷小学，任教五、六年级复式班的语文、史地和数学，一学期结束，被学生评为优秀教师。是年暑假任苏州市立胥江中心国民学校（后称胥江中心小学）校长。在胥江中心小学20多年一直任教史地课，后来也上写字课，其间学校有了很大发展。1956年出席苏州市优秀教师会议，同年秋又出席江苏省优秀教师会议。"文革"中靠边劳动进牛棚。经半年，结束牛棚生活，担任学校会计并兼一些课，1971年6月16日退休。

1952年9月加入中国农工民主党，历任农工民主党苏州市第一届委员会候补委员，第二至五届委员会委员。曾为苏州市第四届各界人民代表会议代表，苏州市第一至第六届人民代表大会代表，苏州市人民委员会委员，政协苏州市第六届委员会委员、常委。退休后撰写《浅谈在历史教育中应用图表等问题》《地理教学随笔》等。1980年获"江苏省优秀教师"荣誉。1992年1月18日逝世。

1. 福元公所原址在小日晖桥弄23号，20世纪90年代初阊胥路拓宽时被拆除。

2. 原为韩蕲王庙，供奉南宋抗金名将蕲王韩世忠，俗称韩王庙。"大跃进"时期胥江中心小学二院扩建时，庙内大部分建筑拆去，假山亦倒坍。后为胥江街道办事处使用。

3. 吴县第三高等小学校在大儒巷。彼时校长李叔良，名志仁，秀才，清末留日。

4. 吴县私立纯一学校，设初中和小学，民国十年（1921）雷允上药店主雷滋蕃为纪念其父雷子纯（字纯一）创设，初在通和坊，后迁址吴县横街（今古吴路）。校长彭嘉滋为雷家女婿，后曾任吴县教育局局长。

历任校长一览表（1906—2017）

任职时间	姓名	备注
1906—1907	章钰	总理
1908—1911	孔昭晋	总理
1913	钱澂	
1913—1914	陆言扬（少芝）	
1914.8—1940.9	朱鸿基（翔舒）	
1940.10—1945.1	徐鼎元（天行）	
1945.8—1946.1		
1946.2—1948	赵祚承（菓舲）	
1948年上半年	王仁骏	以教导主任代理校长
1948.8—1950.7	胡琴孙	
1950—1968	柳哲纯	
1968—1970	曾霞倩	校革委会主任
1970—1973.9	陈和士	校革委会主任
1973—1976	杨惠英	校革委会主任
1976.3—1978.7	雷琦	校革委会主任
1978.8—1980.9	方开一	副校长主持工作
1980.10—1987.4		
1987.4—1993.8	陈德荣	副校长主持工作
1993.8—1995.8		
1995.9—2003.7	王喜华	
2003.8—2010.7	倪建平	
2010.8—2012.7	张萍	
2012.8—2016.7	徐玲英	
2016.8—	项军	

专访苏州市胥江中心小学校原校长陈德荣

口述者：陈德荣
访录整理：徐维新
访谈时间：2017 年 6 月 13 日
访谈地点：胥江中心小学会议室

问：您是胥江中心小学老校长，能谈谈您在胥江中心小学工作的情况吗？

答：我今年 80 岁。1981 年 8 月我从万年桥小学调入胥江中心小学任副教
导主任，1982 年任教导主任，1983 年任副校长，1987 年至 1992 年以
副校长职主持学校工作，1993 年至 1995 年 8 月任胥江中心小学校长，
之后调到区督导组，在胥江中心小学工作了 14 年。

我调入胥江中心小学时，学校还在泰让桥桥堍下的水仙庙旧址。水仙
庙址在泰让桥南堍东侧，大致在现在皇亭小区三块碑的地方，学校最
早的校址便在那里。水仙庙是道观，祭水神。学校设在庙里有个原因：
1905 年清廷废除科举制后，全国各地推广新式学堂，办学需要有生
源、师资和校舍，其中校舍最关键，当时便借用寺庙或祠堂办学。我
工作过的万年桥小学那里就是一座大户人家的祠堂，又如枣市街的韩
世忠庙原来是枣市街小学（后为胥江街道办事处）。胥江中心小学和万
年桥小学同属胥江辅导区。记得 1958 年我到胥江辅导区报到时，老胥
江（胥江中心小学）里面的班级不少，不止双轨，有四轨或五轨，生
源多，有 1949 年后鼓励生育的原因。那时，辅导区的教研活动都到胥
江中心小学来。方开一担任校长时，胥江中心小学迁新校址。

问：学校为什么会迁址？还记得迁址前后的一些事吗？

答：学校搬迁的原因是因为护城河与胥江交汇处的水流湍急，胥江河道需
要拓宽，拓宽的河道正好是胥江中心小学背后的校园。另外，城市建
设中拓宽的泰让桥坡度拉长了，引桥距胥江中心小学的校门只有会议
桌那么长的一点距离，把胥江中心小学堵到一个狭弄里。胥江中心小
学必须征地重建，于是选择了铁链浜的一块地作为新校址，当时征地
9 亩 9 分，因为超过 10 亩要省里批。地在鸿生火柴厂对面，那里原来

有鸿生火柴厂职工宿舍的一排木房子，木房子背后都是农田，四周有许多私自搭建的棚，等到学校围墙砌好，已经没有 9 亩 9 分地了。当时学校只建有 1 幢教学楼，共 12 个教学班，有 3 间教师办公室，还有 1 个传达室（就是现在的传达室）。1983 年 4 月 4 日，胥江中心小学迁入铁链浜校址。学校迁过来了，校园内的南面还是一块没有整理的农田，比较杂乱，那时就栽种了一排水杉，以隔开农田，不让学生到南边去。又挖了水沟，挖出的泥做了月季园，很漂亮。西边整理出一条跑道。后来南面一片做了操场，水杉树的地方建了行政楼，水杉树就移植到了学校的围墙边。胥江中心小学迁至新址时有一块木制的校牌，校牌的字是费新我所写，因没有落款，区政协又找来费新我签名。褚底绿字的校牌是胥江中心小学杨维仪老师自己动手刻制的。

问：迁址后的学生情况又如何？

答：1986 年 4 月国家颁布了《义务教育法》，原来 7 周岁入学的孩子放宽至 6 周岁，又赶上知识青年回城，带来生育高峰，生源一下子就增加了，1 个班级最多时有 56 人，连教室的后门都不能开。

问：学校当时是如何解决学生的入学问题的？

答：教室不够，要造 3 个教室，区教育经费紧张，建教室的 3 万元钱要学校自筹，学校便请附近的共建单位赞助，沧浪区政府为此还出了文件。因为是中心小学，又是胥门一带最好的小学，深得家长信任，与附近单位联系也多。如学生多了，师资不够，我们还到附近单位商量找代课教师。如味精厂的食堂、第二制药厂的浴室也都为学校教师提供方便。彼此确实是共建单位，这些单位的职工子弟都希望能进胥江中心小学读书。我们找了 3 个单位：非金属矿山设计院（单位在浒墅关，有家属楼在巴里新村）赞助了 1 万元；味精厂赞助了 1 万元味精，交给学校自己去推销，正好他们厂供销经营部经理的孩子在我们学校读书，他帮助推销了全部味精；鸿生火柴厂借了 1 万元，后来分期陆续全部归还了。加上迁校时的补偿款，在教学楼的西侧建了 3 个教室，每个教室 64 平方米，暂时缓解了学生入学难的状况。1993 年，南面的操场建好了，另一幢楼也造了。1994 年沧浪区政府投资，学校又建了行政楼和专用场室。按《义务教育法》中心小学要求达到的"六室"［美术室、自然实验室、英文打字机室（电脑室）、体育室、图书室、卫生室］和"一场"（操场）也都有了。

专访苏州市胥江中心小学校退休教师李允俊

口述者：李允俊
访录整理：徐维新
访谈时间：2017 年 6 月 13 日
访谈地点：胥江中心小学会议室

问：您是胥江中心小学老教师，可以介绍一下自己吗?

答：我在 1965 年下半年进小园上小学，自 1965 年到 1969 年这段时间都在小园上小学做老师，带 1 个班，1969 年底从小园上小学下乡，20 世纪 70 年代小园上小学并入胥江中心小学，1979 年 10 月返城就进了胥江中心小学，在胥江中心小学教学至退休，今年 73 岁。

问：小园上小学并入胥江中心小学，您能先说说小园上小学吗?

答：小园上小学在泰让桥堍西侧，原来也是一座庙，习惯称王庙，因此小园上小学原来称王庙小学，大家都说在王庙里读书。学校周边都是外来务工人员。看校门的校工夫妇都是苏北人，不识字，后来妻子成为学校的正式员工。1965 年我进小园上小学时，校长是陈允芳，前任校长是沙碧莲，学校设一至六年级，其中四年级和六年级各 1 个班，其他年级各 2 个班，五年级虽然设 2 个班，但人数也不多，学生总数一二百人，教师十二三人，有个翻造的小操场。小园上小学和胥江中心小学同属胥江辅导区。小园上小学并入胥江中心小学后，空出来的校园造了教学楼，由原在由斯弄的胥江中心小学附设幼儿园迁入。20 世纪 90 年代公办幼儿园撤销，胥江中心小学附设幼儿园校园被征用。

问：您亲历了胥江中心小学的迁址，还记得当时的一些事吗？

答：我返城进胥江中心小学时，泰让桥已造好了，进出学校都要走桥洞，相当不方便。后来学校搬迁新址，校园的地面不平整，我们教师就自己整理，建了非常漂亮的月季花园，栽种了水杉。现在操场边的水杉树，原来在校园当中，即现在行政楼的位置，一并排3棵，共100棵。水杉的南面便是月季花园。后来造行政楼，把水杉扔掉太可惜，就移到现在的操场边。校园北边房子的地本来也在学校9亩9分征地之内，被人先占了。

问：您后来就一直在胥江中心小学任教？

答：我经历过下乡，之后的30年过得很平稳，一直在胥江中心小学做老师，开头是教五、六年级语文，是毕业班，后来就让给年轻人，我改教三、四年级了。

问：同属胥江辅导区，先后并入胥江中心小学的有哪些小学？

答：胥江辅导区的小学由胥江中心小学管理，胥江辅导区内先后并入胥江中心小学的有新马路小学（先并入枣市街小学，继并入胥江中心小学）、小园上小学、枣市街小学、朝晖小学等。新马路小学、朝晖小学等民办小学在 20 世纪 70 年代都改为公办小学。那时还没有胥香小学，之后胥香小学开办，朝晖小学是在胥香小学开办几年后才并入胥香小学的。

专访苏州市胥香小学校原副校长陆菊英

口述者：陆菊英
访录整理：徐维新
访谈时间：2017 年 6 月 21 日
访谈地点：三香新村陆菊英寓所

问：您是胥香小学成立时的副校长，可以简单介绍一下自己吗？

答：我今年 80 岁，1983 年胥香小学刚成立时调到那里担任副校长，1992 年 10 月在胥香小学退休，然后再留用到 1993 年学期结束寒假时，在胥香小学工作了 10 年。

问：胥香小学与胥江中心小学，两校即将撤并重组，能谈谈胥香小学吗？

答：胥香小学在劳动路 65 号，是沧浪区文教局在三香新村建设的一所小学，1983 年竣工，当年秋季即开学。因为准备工作来不及，9 月 1 日没有上课，正式上课是在 9 月 3 日。当时班级比较少，只有 3 个班级，五年级 1 个班，一年级新生 2 个班，学校是一边上课，一边做开学的筹备工作。学校当时的负责人是洪少川和我，有教师 20 多人，为工作方便，调过来的都是住在三香附近的教师。胥香小学只有一块地，发展不出来，基本是双轨六年制，每个年级 2 个班，学生多的学期亦开 3 个班，最多时有 13 个班，加幼儿园 1 个大班，共 14 个班，有教师

30多人。胥香小学的教师都非常认真，当年的年轻教师，现在有许多已分别在其他学校担任领导了。

问：还记得胥香小学那些事吗？

答：办学过程中有几件小事勾起我的回忆：学校成立有棒球队，组织男孩子参加训练，曾与访问苏州的日本小朋友棒球队举行中日友好棒球友谊赛；学校校办厂生产的圣诞节礼品彩球，专门出口供货英国，我还专门接待过英国商人的访问，学生在劳动课上也参与彩球部分环节简单工艺的生产；学校所在的三香大队地块，周围曾是一片农田，学生也目睹城市建设的发展，家乡发生的变化，学校以此进行了"三香的昨天、今天、明天"的思想教育；每逢秋季开学时，学校会举办一年级新生家长的学习班，学习如何做一个合格的家长，家长要成为孩子第一任教师的表率；成立共建会，请周围单位和新村住宅单位参与学校教育与管理，支持学校。事儿虽小，至今忆起，还挺自豪的。我跌倒过几次，现在不能多走路，有时仍会到学校去看看。

问：并入胥香小学的朝晖小学，您知道它的情况吗？

答：朝晖小学在万年桥堍大施家弄，原来是所民办小学，代课教师多。大施家弄现已不存。胥香小学建校两三年后，朝晖小学整体并入胥香小学，胥香小学学生和教师的人数也随之增加。

问：您知道并入胥江中心小学的小园上小学情况吗？

答：小园上小学最早的校长是徐惠芬，现已90多岁了。

苏州市善耕实验小学校

沈建东

　　苏州市善耕实验小学校创办于光绪三十二年（1906），时称长洲县官立高等小学堂，校址设在南园羊王庙内，第一任堂长为章钰。当时收学生 32人，编成一班。嗣后逐年添招新生，学制为四年。

　　1912 年，改为吴县县立第二高等小学校，校长为徐嘉湘。徐校长见校址偏僻，附近居民寥落，于是多方擘画，另觅校舍。这时，高小学制由原来的四年制改为三年制。1914 年 8 月，学校正式迁到谢衙前，当时学生增至 180 人。

　　1926 年 8 月，按照新学制改组为完全小学，名吴县县立第三小学校。分前后两期，前期为初级，四年毕业；后期为高级，两年毕业。先招收初级一班，为高初级及男女兼收之始。1927 年 8 月，学校改称吴县县立城北小学校，学生共 305 人。1928 年 2 月由本校教师、中共地下党员顾容川任校长。12 月，顾容川升任市督学，由韩秉直接任校长。1929 年，学校更名为苏州市城北小学校。1930 年县市合并，7 月改名吴县县立善耕小学校。1931 年 8 月又改名为吴县善耕中心小学校。韩秉直校长命名学校为"善

1966年善耕中心小学毕业生合影

耕"，以善于耕耘比喻善教善导，精心育才，以此要求教师循循善诱，教书育人，要求学生能成为身体健康、品德高尚、学有专长、奋发向上的人。

　　1933年8月，学生增多，添设幼稚园及高级各一级，学生总数达900多人。1936年夏，校之西南隅破屋坍塌，由教育局派工改建教室四楹，复将校之东北及西北隅县公产房屋共九小间，拨充学校使用，从此校舍扩充，设备日臻完善。

1937 年抗战爆发，学校停办。次年恢复后，方家龙出任校长。1940 年下半年起鲁家振任校长，直至 1945 年抗战胜利。

1946 年，苏女师毕业的朱蕴玉由沪来苏接收学校，并任校长，校名改为吴县灵鹫古市中心国民学校。1947 年，改称北街镇第一中心国民学校。

1949 年 8 月，原本校教师、中共地下党员金国忠任校长。1951 年改名为苏州市善耕中心小学校。

1960 年秋季，学校被苏州市教育局确定为全市小学五年制改革试点学校。当时学校共有 27 个班，学生达 1400 多人，为校史上人数最多的一年。教育部门除增拨一批教具外，还拨款 3000 元用以添置图书及体育运动设备。1966 年学校翻建红砖教学楼一幢，计 12 间教室。

1966 年后，学校曾三易其名。街道办学时学校更名为红旗中心小学、韶山中心小学；工宣队进驻学校时，又更名为东升中心小学。1972 年恢复善耕中心小学校名。

1999 年，东吴小学并入善耕。2006 年，学校隆重举行了百年校庆庆典。2008 年苏锦小学并入善耕，并迁入平江新城新校址，善耕小学北校区成立。2009 年，善耕中心小学整体迁入平江新城文里街 168 号新校址，更名为苏州市善耕实验小学。目前，学校有 48 个教学班，学生 2229 人，教职工 125 人。

学校百年历程人才辈出，先后涌现了中国第一代交响乐指挥家黄贻钧、中国科学院院士丁大钊、中国科学院院士程耿东、中国工程院院士张钟华、中国工程院院士徐旭常。此外，还有江苏医学院教授马诒绥、国画家张晋、俄文翻译家陆坤元、浙江医科大学校长王季午、名中医俞大祥、脑外科专家杜子威等。

近年，善耕实验小学获得全国中小学机器人实验学校、江苏省青少年机器人实验基地、江苏省青少年科技教育先进学校、苏州市教育信息化先进学校、苏州市双语实验学校等荣誉称号。

历任校长一览表（1906—2017）

任职时间	姓名	备注
1906—1907	章钰	堂长
1908—1912.4	孔昭晋	堂长
1912.4—1928	徐嘉湘	
1928.2—1928.12	顾容川	
1928.12—1937.8	韩秉直	
1938—1940.8	方家龙	
1940.8—1946	鲁家振	
1946.2—1948	朱蕴玉	
1948—1949.8	冯世骧	
1949.8—1951.10	金国忠	
1951.10—1956.8	蒋雄驭	
1956.8—1958.12	郑守一	
1958.12—1960.6	蔡银媛	
1960.6—1965.8	朱正修	
1965.8—1975.2	夏友铭	
1975.2—1977.8	邓惠英	
1977.8—1978.8	居淑英	
1978.8—1979.8	邓惠英	
1979.8—1984.8	居淑英	
1984.8—1991.2	尤涛	
1991.2—1991.8	王世晓	
1991.8—1995.9	王雪娟	
1995.9—1996	巫茂华	
1996—1997	吕荣	副校长主持工作
1997—1999	黄年蓉	副校长主持工作
1999.9—2003.8	吕荣	
2003—2007	谢芳	
2007—2012	徐倩	
2012—	杜坚民	

专访原中共苏州市平江区善耕辅导区党支部书记龚朝新

口述者：龚朝新
访录整理：沈建东
访谈时间：2018 年 1 月 28 日
访谈地点：苏州市姑苏区潘儒巷 32 号

问：您是什么时候来到善耕实验小学的？您在学校教哪门课？那个时候学校是个什么状况？

答：我是 1997 年 9 月由城东中心小学调到善耕辅导区担任党支部书记的，同时从事善耕中心小学的数学和社会等学科的教学工作。当时善耕小学的规模在平江区内算是大的，学校每个年级均在 4—5 个班以上，全校接近 30 个教学班，另有附设幼儿园大班 3 个班。全校学生保持在 1500 人左右，教职工 70—80 人。

问：关于善耕的特色体现在哪里呢？

答：20 世纪二三十年代苏州古城流行一副对联：少年勤惜时，老牛善耕田。用的是古城的两所学校校名：勤惜小学和善耕小学。可见两个学校的社会影响了。善耕小学在 1949 年后随着光明小学、西花桥巷小学、史家巷小学、东吴小学等多所学校的并入，规模增加不少。其中值得一提的是东吴小学，创建历史比善耕稍早些，原名"纱缎小学"，学生多为丝织行业的子弟，其中最杰出的学生是中国科学院院士丁大钊，他小学就毕业于此校。

问：据我了解，善耕毕业的学生人才很多，有好几位院士，学校和他们有联系吗？他们来过学校吗？

答：学校创办至今，一直以踏实严谨的校风薪火相传。学生中也涌现出不少杰出人才。善耕本部出来的有程耿东、张钟华、徐旭常三位院士，2006年我和当时善耕的校长谢芳曾经亲赴大连理工大学拜会程耿东院士，盛情邀请他来参加百年校庆，程耿东欣然答应，如期赴约，在校庆大会上还发表讲话，激励后辈努力学习科学，做对祖国有贡献的人。谢芳校长和薛心澄副校长还去北京拜会了张钟华和徐旭常两位院士，因为身体原因，两位未能参加百年校庆活动，但张钟华院士发来了贺电。在善耕百年历史上，人才辈出。原苏州供电局局长马衍修在20世纪40年代一次全吴县数学竞赛中获得第一名，也足见善耕的教学质量了。

问：善耕历史上，哪些老师和学生给您印象较为深刻？

答：在善耕的百年历史上，有几位校长值得颂扬。一位是1928年12月接任校长的韩秉直先生，他命名学校为"善耕"，寓意老师学生都要善于耕耘才会有所收获。从此"善耕"之名一直传承至今。韩校长十分注重建立学校各项规章制度，注重学校的日常管理，从他后辈送来的校刊也反映出当时学校的管理和师资都不一般。还有一位是金国忠校长，1949年4月苏州解放，同年8月，本校教师、中共地下党员金国忠任校长，是中华人民共和国成立后学校的第一任校长。他是一位中共地下党员，善耕小学在1948年前也是中共一个秘密支部所在地。此后历任校长都十分尽责，特别是2003年谢芳任校长期间，学校各项工作都跑在全区之前，被当时的市教育局称为"善耕现象"，成为全区学校的典范。教师马恒蓓是位优秀的数学教师，他执教的班级数学成绩一直不错，竞赛多次获得全区第一，由此也带动了学校数学教学的发展。学校曾经几度收到毕业生高考获得苏州高考状元的喜报。好的老师是学校的骄傲，也是学生的荣幸。

问：学校当时的学生来源于哪里？有择校生吗？您做家访吗？

答：20 世纪 90 年代生源大部分是附近学区的孩子，少量由于父母在附近工作选择来善耕读书的。当时我们还有做家访的工作习惯。一般是学生学习成绩下降快或在学校情绪和以前不一样，会做些家访。遇到问题，和家长的联系多在家长来接孩子的时候，会及时讲讲学生近来的学习情况。

专访苏州市善耕中心小学 2003 届毕业生张君达

口述者：张君达
访录整理：沈建东
访谈时间：2018 年 2 月 4 日
访谈地点：苏州市姑苏区潘儒巷 32 号

问：请问你是什么时间段在善耕中心小学读书的？

答：我是 1997 年至 2003 年在善耕中心小学读书的，其实，我幼儿园大班就在善耕读了，是为了进善耕做准备吧。

问：是按照居住地段划分入校？还是自主择校？

答：是择校进入的，还交了择校费，那个时候是可以选择的。因为善耕教学的口碑在苏州比较好。

问：还记得入学前的考试情景吗？

答：考试是面试，就是问问你学过什么，阿拉伯数字能数到多少，童谣和唐诗宋词会不会背。我记得当时数字我可以数到 100，童谣和唐诗宋词我都会背诵几十首，所以一下子就通过了。回家后整理舅舅送的新书包准备上学，妈妈还帮我买了个闹钟，让我按时起床不迟到，结果我很好奇地把它拆了，原以为可以装回去的，结果却没那个本事，只好作罢。

问：你在善耕学习的时候学校是在原来的谢衙前 38 号吗？

答：是的，关于学校的记忆，最深刻的是后院的两株银杏树，在上学的时候就号称百年古树，秋天黄叶一地，我和同学们很喜欢在里面玩耍，银杏叶颜色好看，透明的黄，我还会捡回去夹在书里当书签。那里好像还搞过一个英语角，喜欢英语的学生可以去那里和老师同学用英语对话。

问：请问你在校时的班主任和校长姓名？

答：校长是吕荣。班主任：一、二年级孙珺，三年级俞卫红，四年级笪兴琴，五、六年级孙小娣。

问：六年的学习都有哪些课程是你最喜欢的？都是哪位老师教的？你获过什么奖励？哪几位老师对你影响最大？

答：最喜欢体育课和语文课，数学还可以，因为学得比较好。体育老师是王飞，语文老师是戚蓓琼。记得学校五、六年级有几次作文竞赛，戚蓓琼老师极力推荐我去参加，我都拿了奖，记得有一次是一等奖，有一次是二等奖。我家里书多，我喜欢看课外书，所以写作文还是比较轻松的，那个时候学校总体环境还是比较积极向上的。

问：学校是怎么安排德育、体育、艺术、劳动课的?

答：那个时候课程设置还是很全面的，思想品德课讲讲故事，体育课跳跳远，艺术课吹吹竖笛、画画涂鸦，劳动课剪剪纸。反正都有，也没有特别出彩的地方。但缺乏由内而外的价值观建立和兴趣引导，很难持续激发学生的兴趣和创造力。

问：你是什么时候加入少先队的? 学校大队辅导员是谁?

答：我们那个时候好像一年级是绿领巾，二年级开始加入少先队，学校大队辅导员好像是沈青老师，一、二年级时沈老师教我们班数学。

问：你们课堂纪律差的时候，老师是怎样匡正的?

答：拍桌子，点名批评，捣乱太厉害的学生会站在黑板前反思。

问：老师拖课吗? 你们那时作业负担重吗?

答：老师不拖课。放学没有家长来接的有放心班，可以在放心班上做家庭作业。那时作业负担较轻松，放学基本可以看看课外读物或者玩耍。回家做作业基本也在七八点前完成了，之后就可以看课外书籍，做手工剪纸、折纸模，跟现在的小孩子比真有很大差别。

问：你们那时春游、秋游去了哪些地方? 回来要写作文吗?

答：亭林公园、席家花园啊，反正都是苏州周边的景点。每次必写，什么清早到学校，乘上大巴到公园，看到什么什么，许多同学都是流水账的写法，并不走心。春游为的是背着一书包好吃的和同学一起吃和玩，不上课大家都很开心。但玩过了头，满身大汗回家，有的同学会感冒生病，这就乐极生悲了。

苏州市勤惜实验小学校

李清华

苏州市勤惜实验小学校的前身——官立初等小学堂第十七校，创办于清光绪三十二年（1906）七月，创始人为章钰，校舍在北街灵迹司堂（现为东北街 128 号）。

1912 年改称苏州市立东区第五初等小学校，1915 年更名为苏州市立东区第五国民学校，1923 年改名苏州市立第五初级小学校。因校舍不敷使用，改赁东北街勤惜庵，故 1927 年改称吴县勤惜初级小学校。

1946 年改称吴县迎春中心国民学校，1947 年易名为吴县北街镇第八保国民学校，1948 年又改为吴县勤惜国民学校。1949 年定名为苏州市立勤惜国民学校，1951 年改称勤惜小学。1966 年后更名为东风小学，1977 年又易名娄门小学，1979 年复名勤惜小学。

1981 年 9 月，勤惜小学共有 16 个班级、634 名学生，包括幼儿园 2 个班和一到五年级 14 个班，其中四年级有 4 个班，其余各 2 个班。学校占地 5.69 亩，校舍建筑面积约 1820 平方米，教室 21 个，教室面积约 1700 平方米。学校教职工有 27 人，其中教师 25 人、行政 1 人、工勤 1 人。在教师中，男性 9 人，女性 16 人，中师或相当学历毕业的有 13 人，高中或相当学历毕业的有 7 人，初师或初中毕业的有 5 人。

1990 年 9 月，在校学生为 571 人，6 个年级各有 2 个班级，另外有 2 个学前班，共 14 个班级。当年被评为校级"三好学生"的有 50 人。学校教职工为 28 人，其中专任教师 26 人，行政和工勤各 1 人。由于办学历史较长，归属学校的离退休人员已达 13 人。值得一提的是，当时已经有专职的历史和美术老师，语文老师 12 人，数学老师 11 人，历史、体育、美术老师各 1 人，学科划分更加细致。学校占地 5.69 亩，校舍建筑面积约 1882 平方米，教学用房 912 平方米，行政用房 206 平方米，生活用房 135 平方米，校办工厂 250 平方米，其他 59 平方米。可以看出，学校在改革开放以后，办学规模基本没有变化，相对于辖区其他中心学校，因场地限制，无法扩大招生规模。

1998 年 2 月，根据勤惜小学 1997 年执行"普及九年制义务教育"自查报告记载：当时有班级 11 个，学生 496 人，平均班容量 45 人，小学适龄人口入学率为 97.2%，校舍生均占有量 8.02 平方米，专任教师 24 人。

1999 年，娄江小学并入勤惜小学。娄江小学前身为位于娄门外韩蕲王庙的官立初等小学堂第十九校，与勤惜小学同时由章钰创办。

进入 21 世纪，学校占地面积和 20 年前几乎一样。学校有先进的电化教学室、自然实验室和专门的音乐室，音乐室配备钢琴和音响设备。全校共有电脑 26 台。各个班级均配备投影机、语音机和屏幕等电教设备。校园绿化覆盖面积达 300 平方米。学校有教师 20 名，其中高级教师 15 名，占教师总数的 75%。

2007 年 9 月，根据平江区教育文体局的统计，在其所属的 15 所小学中，勤惜小学共有 9 个班，292 名学生，无论是班级和学生总数，还是班均学生数，都是所属区规模最小的学校。由于周边学区生源减少、学校场地限制等多种原因，学校无法进一步发展，于 2008 年停办。

时隔数年，百年老校于平江新城易地重建，校名为苏州市勤惜实验小学校。2016 年 9 月，一所融古典园林特色与现代化教育设施于一体的新校正式启用，建设规模为八轨 48 个班级，占地面积为 24432 平方米。

作为古城区一所具有百年历史的公办完小，勤惜小学以"勤学、惜时、做勤奋之人；求真、崇德、育德善之才"为治学理念，以独特的方式实践着朴实的教育理想，培育了一代又一代的学子。"勤""惜"两字朴实，却道出了学习工作的真谛，同时也体现出"实践出真知""知行合一"等教育思想。

校名沿革一览表

年份	校名
1906	官立初等小学堂第十七校
1912	苏州市立东区第五初等小学校
1915	苏州市立东区第五国民学校
1923	苏州市立第五初级小学校
1927	吴县勤惜初级小学校
1938	勤惜小学
1946	吴县迎春中心国民学校
1947	吴县北街镇第八保国民学校
1948	吴县勤惜国民学校
1949	苏州市立勤惜国民学校
1951	苏州市勤惜小学校
1966	东风小学
1977	娄门小学
1979	勤惜小学
2016	苏州市勤惜实验小学校

历任校长一览表（1906—2017）

任职时间	姓名	备注
1906—1907	章钰	总理
1908—1912	孔昭晋	总理
1912—1916.4	胡炽昌	
1916.4	潘树芬	
1926	彭佑孙	
1927.2—1937	鲁家振	

续表

任职时间	姓名	备注
1938—1939	朱章宪	
1940	陶镕唐	
1941	陈晋秉	
1942	戴仲恒	
1943	程京福	
1946—1947	高树华	
1948—1949	程中青	
1949—1952	高树华	
1952—1953	吴夔文	
1953—1954	章宁文	
1954—1955	杨楚佩	
1955.9—1962.2	郁安仙	
1962.2—1963.8	徐正元	
1963.8—1968	谭熊喜	
1968.8—1975.8	袁云美	校革委会主任
1975.8—1981.8	张德驹	1978年前为校革委会主任
1981.8—1984.8	尤涛	副校长主持工作
1984.8—1986.3	柯刚	副校长主持工作
1986.3—1990.8		
1990.8—1993.8	肖金媛	
1993.8—1998.8	刘春梅	
1998.8—2001.7	董元艳	
2001.7—2008.6	朱维佳	
2016—	蒋利军	

专访苏州市勤惜小学校原校长袁云美

口述者：袁云美
访录整理：李清华
访谈时间：2017 年 12 月 20 日
访谈地点：苏州市五卅路 148 号 8 号楼

问：您今年高寿？

答：我是 1935 年 12 月 9 日出生的，今年虚岁 83 岁。

问：您是何时在勤惜小学工作的？担任什么职务？

答：1959 年 2 月，因照顾夫妻关系，我从金阊区调到勤惜小学，因为是共
青团员（当时比较少），所以任六年级班主任兼大队辅导员。当时，郁
安仙任校长，吴兰斋任教导，后来郁安仙调到白塔小学，1962 年徐正
元任校长，1963 年谭熊喜调来任校长，我任教导，主要教数学课和政

治课。因谭熊喜是地主，1968年被打倒，当时平江区文教科顾德基科长到学校宣布我任校长，朱剑敏任教导。我没有思想准备，但是工作一直兢兢业业。由于工作认真，1975年8月，我调任平江区文教工业公司工作，直至退休。

问：当时学校有多少班级和学生？

答：1959年，学校有1个幼儿班，一至六年级各1个班，大约300名学生，1个班级多则40多人，少则30人。后来由于附近工厂扩大，如东风丝织厂、金粉厂，特别是新建的长风厂全国各地转学来的学生很多，有北京的、沈阳的，尤其是沈阳的多，都是随家长到苏州来读书。有些班级挤了60多人，压力太大了，班主任接受不了。后因街道办学，石家角、三家村的学生划到城东小学、拙政园小学。直到1975年8月，我离开学校时，已有13个班左右（1个幼儿班）。

问：当时学校有什么教学设施？

答：学校设施很简陋，除了桌椅黑板以外，什么都没有，电话也没有，有事都到东风丝织厂打电话。

问：学校周边有那么多工厂，关系如何？

答：学校非常重视与周边东风厂、长风厂等的关系，学校帮助工厂职工解决子女小学入学问题，还提供场地给长风厂办职工夜校，当学校遇到困难，工厂也积极予以支持。例如，工厂帮助我校做运动器具，制作了30根长柄木枪；工厂食堂向我校提供蒸饭、吃饭之便；工厂托儿所向我校教师子女开放，还派工人教师（我还记得名字叫崔晓红）协助；学校春游、秋游向厂里借汽车；厂里电工班免费为学校维修电路，等等。

问：那除了工厂以外，学校属地的生源来自哪里？

答：当时勤惜小学的生源地，往东到娄门城墙脚下沿河，过娄门桥的塘坊湾直到官渎火车站，往南到石板街、桥湾街、葛百户巷、横街、三家村、东麒麟巷，往西到石家角、百家巷、工农新村、华阳桥以东的东北街沿街（长风厂子弟及居民），往北到唐家巷、普福寺、东蒋家巷、北园菜农（当时北园新村还没造），还有船上人家的子女也要来读书。

问：您了解学生毕业后的去向吗？有没有让您印象深刻的学生？

答：学校毕业学生去向多数分配到市六中，少数到市三十六中。我印象中比较优秀的有不少，例如杨子众、叶青宇、周振林去了美国，萍青、沈雨珠去了日本。

问：您在学校任教时，对学校历史有所了解吗？

答：1959 年 2 月，我去学校报到时，天井分两个，隔厢里还有泥菩萨，后来才搬走的。当时经常听老一辈讲，学校是从"庙里"搬来的，我也不明就里。在一次家访中，听北园一位七八十岁的王姓阿婆讲，学校的校址原本是一座庵，名叫勤惜庵，她在勤惜庵里做了几十年。勤惜小学是从庙里搬来的，庙指的是市六中东隔壁的一座原来是庙的大院子，勤惜小学是从那个大院子里搬到勤惜庵，后来就改名叫勤惜小学。

问：在庵里办学，当时学校是什么样子的？

答：刚进勤惜时，只有四间像样的教室，其他教室包括办公室大多是破旧不堪的，门窗都很难关上，有的教室下面隔开、上面是空的，不能隔音。后因教室不够用，便把东西隔厢里的菩萨搬掉当教室。教室地面大多是坑坑洼洼的，有的还要用小砖头填一下，课桌才能写字。后来，还把一间厨房当成教室。大约是 1962 年，在学校的西北角造了一间新教室，是向北园菜农老倪讨了 12 平方米的菜地才造的。1975 年暑假，学校在北面新建了 6 间教室，3 层楼，往北第二进有一间大礼堂和西面一个操场，又向北园菜农孙家求助土地造了厕所。

问：当时的教职工情况如何？

答：当时教师不多，有外地来的，如支文祥、艾华成、李明，也有新苏师

范来实习留下的，如杨国芬、凌霄霞、陶丽华、陈菊生、芮传中，也有四十二中派来的，金瑞麟、王爱国等。教师住处，除了工友郭朝奎住校，都住得较远，有住胡厢使巷、苹花桥、观前街等处的。

问：在当时那个特殊的年代，学校还举办过其他什么活动？

答：学校曾接受上级指示办过勤惜夜校"工读小学"，招收白天劳动或其他工作的群众，即在晚上来读书，另有一批教师来承担上课任务，由夏宇平负责，教师轮流值班。还办过成年人夜校，如长风厂职工读的夜校。当时还曾举办过"学习董加耕""学习雷锋"展览会。

问：勤惜小学在群众中的口碑如何？

答：由于历史的原因，勤惜小学曾改名东风小学、娄门小学，但是家长、学生，包括老师，都对"勤惜"两字是有亲近感的。2017 年，一位李姓老人 95 岁高龄去世，他的老同学送花圈具名写的是勤惜小学老同学——说明勤惜的校名是多么深入人心。"勤劳、珍惜"是中华民族的美德。

专访苏州市勤惜小学校 1993 届毕业生宓恒茹

口述者：宓恒茹
访录整理：李清华
访谈时间：2017 年 12 月 28 日
访谈地点：苏州市五卅路 148 号 8 号楼

问：请问你是什么时间段在勤惜小学读书的？

答：我是 1987 年至 1993 年期间在勤惜小学读书的，从一年级一直到六年级毕业。当时勤惜小学是有学前班的，类似于幼儿园大班，好像就一个班，我们班同学有人就读过，不少勤惜小学的教师子女也读过。

问：你是怎么入读勤惜小学的？

答：在我们那个年代，一般都是按地段划分的，虽然我也不清楚勤惜小学的具体学区是哪里，但是我住的地方附近的孩子都在勤惜小学读书，所以每天上学总能碰到这个或者那个邻居。

问：还记得入学前的考试情景吗？

答：记得，人生头一遭面试啊。容貌像隔壁阿姨的老师递给我一枚绿色的飞行棋，问我是什么颜色，问我家里有多少人，分别是谁……这些问题的初衷现在想来应是估摸这孩子智力是否够格读一年级了。

问：当时学校的大致布局还记得吗？

答：学校是在东北街靠近娄门的地方，从一条不长的弄堂往北走到底，就看到了学校朝南的大门，进校门左边由东往西有一排矮屋，有三四间，是学校唯一的校工兼门卫的住所，我记得还有炉灶，给学校老师中午蒸饭用。右边是由南往北一排围墙，围墙外面紧邻一家工厂。沿着围墙往北走，在矮屋的北面有一个大花坛，里面有一颗相当巨大的松树。花坛的背面是一个长方形大操场，说是操场，其实就是一块沙地，既没有塑胶跑道，也没有绿茵草坪，风一吹，沙尘漫天，幸亏当时没有雾霾一说，可想而知学校条件之差。操场北面的东西轴是一栋3层高的教学楼，我记得每层有4间教室，共有12间教室，属于学校的核心。穿过核心教学楼，是块小空地，小空地西面区域是露天体育活动区，有水泥乒乓球桌。小空地北面还有一栋三层教学楼，每层有2间教室，共6间，我印象比较深的是这栋教学楼的楼梯在西面，特别宽敞，不知道什么原因。再往北，紧挨着有一排平房，大概有三四个房间，我记得好像是用来堆放杂物的。在这排平房的西面就是一个厕所，整个学校就这么一个厕所，当然体量不算小，不过离教室算是远的，遇到天气不好的时候，上厕所也是个麻烦事。

问：你当时上学和放学有家长接送吗？

答：那个年代大部分学生都是自己走路上学的，因为是地段生，家离学校近，而且那时的交通状况没有现在这么复杂，路上汽车不多，低年级的学生家长可能会接送，要么骑自行车，要么步行。

问：那学校提供午饭吗？

答：不提供，因为当时的学生家里都有老人，而且都住在附近，大部分学生中午都回家吃饭，下午再来学校上课。只有个别学生因为家里没有老人照顾，便和学校商量好，自己带饭到学校，由学校提供蒸饭。不像现在所有中小学都提供午饭，减轻了家长的负担。我记得，我们班上有个男同学，从一年级开始就每天上学自己带饭到学校，每天中午同学们都回家了，他就拿着在学校炉灶上蒸好的饭盒到门卫那里去吃饭，那个门卫阿姨一家人都挺照顾他的，坚持了6年。

问：学校每周的教学安排你还有印象吗？

答：当时学校每周上 5 天半的课，周三下午和周日放假。我要是没记错的话，每天上午有 4 节课，下午有 3 节课，每节课 45 分钟，课间休息 10 分钟。每周一有升旗仪式，要听校长讲话，遇上学期开学或者六一等特殊节日，还有优秀学生代表讲话。每天早上我们要做广播体操，第几套已经忘了。

问：请问你还记得当时有哪些课程以及学校校长、班主任和任课老师吗？

答：印象最深的就是正副班主任，分别是李惠兰老师和计萍老师，这两位老师是教我们班级时间最长的，李老师好像是 6 年，计老师是 4 年。校长么，应该是肖金媛，似乎还有一位叫柯刚，具体担任的时间记不清了。具体任课老师中，数学是李惠兰老师，一、二年级语文是陈岚老师，三到六年级语文是计萍老师，中途计老师生宝宝时由季老师代课。体育课是董老师，我记得他身强力壮，那时班级里有留级生，人高马大的，经常会欺负其他同学，那时就由这位董老师"出手"搞定。美术是程老师，现在想想我喜欢美术可能就是那时打下的基础。音乐老师是大队辅导员，记不得姓名了，劳动课是哪位老师上的，也记不得了，好惭愧啊。另外，我记得英语是朱老师，为什么值得一提？因为当时英语的重要性刚刚为人所重视，我记得我们班级里有的学生从三四年级开始在学校外上英语班，从 26 个字母开始学，而我们学校是五年级才开设英语课，到了我升入初一时，由于不是每所小学都开设英语课，因此为了统一学习进度，又从字母开始重新学英语，让我印象特别深刻。

问：学校是怎么安排副课的？老师会"抢课"吗？学业负担重吗？

答：低年级时劳动课里含有手工课，剪纸模折叠。体育课踢毽子、跳皮筋、跑步等，没有考试要求。美术课则是满满的绘画实践课。音乐课，唱歌和听老师讲童话故事。那时作业和负担挂不上钩啊，老师基本不会占副课，偶尔会拖课，作业在学校就可以做完啦，回家就是玩了。

问：当时你们老师是怎么管理课堂纪律的？

答：感觉我们班纪律挺好的，老师人一出现我们就基本安静了，偶尔吼两句就没声音了，那个时代尊重老师几个字很有分量，是在心底的尊重。当然，也有个别学习成绩差的学生经常被老师叫到办公室去挨训，当时的老师还是很负责的。只不过现在看来，以前所谓的差生，现在工作生活也挺好的。每个人走过的路都不一样，不可能千篇一律的。

问：你最喜欢什么课？哪位老师？

答：因为我当时是美术课代表，所以最喜欢美术课啦。只不过那时学校的基础设施非常落后，不像现在随便哪所学校都有比较完备的器材，起码美术课的用具都有的。我们那时只有黑板粉笔，顶多再有块小黑板辅助，其他就什么都没了。当然，这不影响老师的教学和我们的学习，因为班主任计萍老师、李惠兰老师、陈岚老师都非常热爱学生，我们也都爱她们。

问：当时学校有给学生荣誉吗？有什么奖励？

答：学校每个学期都会评选三好学生，每个班级都会有，具体人数忘了，肯定是个位数，奖状和一张 5 寸半身像彩色照片。应该说，当时三好生还是比较有含金量的。同时，学校为了鼓励学生，还会设置一些其他奖项，有的是每个学期评的，例如单项优秀，有的是其他条线的，例如优秀红十字会员等。

问：除了上课外，学校有组织兴趣班吗？

答：我不记得学校在每天课后有兴趣班，只记得我们学校虽然不大，但是还有一支鼓号队，我们班有同学就参与其中。每逢升旗仪式或者重要活动都要列队演奏，边演奏边进行，挺有气势的。我记得鼓号队有一名指挥、两名大鼓手、八名小鼓手和八名小号手，一般都在五、六年级学生中综合考虑形象和身体素质进行选拔，定期在课后进行训练，还挺让人羡慕的。

问：学校每个学期是否要组织外出游玩？

答：你是说春游、秋游吗？肯定有的，我们那时的春游、秋游可是同学们最开心的事。不过局限于当时条件，我们学校组织的春游、秋游，只能在市区的园林里玩玩，我印象最深的是在拙政园，不是因为园林好玩，而是留下了一张班级集体合影，多年后在同学家里看到，唤起了儿时的回忆。

问：你在学校读书时，有没有发生一些有趣的事？

答：有，我记得五年级还是六年级的时候，学校组织过一次篝火晚会，好像只邀请高年级的同学参加。学校要求是每人自己做一个面具，放学回家吃完晚饭后到学校报到。老师们在操场上燃起一堆篝火，同学们按照班级围坐在篝火旁边，每个班级还出节目，做集体游戏，同学们都非常兴奋。这是我人生中第一次参加篝火晚会，那红红的火光照亮了夜空，大家的笑脸温暖了胸膛，即便在黑夜里走在回家的路上，也让我充满了勇气和力量，让我久久不能忘怀。

苏州市学士中心小学校

林锡旦

苏州市学士中心小学校前身是长元吴公立半日学堂第一校，创办于光绪三十三年（1907）八月，校址在石塔头林则徐祠堂内，创办人为王同愈、彭福孙、蒋炳章、吴本善等，设 1 个班，有学生 59 人。1912 年，学校改名苏州市立北区第二初等小学校。1915 年，改名苏州市立北区第二国民学校。1923 年，改名苏州市立第十七初级小学校。1927 年，校名改称吴县新闻小学校。1946 年，改名吴县新闻德馨中心国民学校。1947 年，改名吴县金阊镇中心国民学校，全校设 16 个班（含幼稚园 1 个班），有学生 761 人。

1951 年，学校改名为苏州市金阊中心小学校。1958 年，梵门桥小学并入，为二院。1962 年，改名为金门小学，二院独立建制，名高井头小学校。1978 年，更名为苏州市金门中心小学校，景德路小学并入，设 12 个班，有学生 618 人，教职员工 58 人。1980 年，迁校至景德路 379 号。随着教育事业的发展，国家实行义务制教育，各弄堂小校纷纷并入中心校，南新路小学、天库前小学、纯一幼儿园、纯一小学、五爱小学、高井头小学、宝林民办小学先后并入金门中心小学。而电影明星刘嘉玲，就毕业于天库前小学。

2002 年 8 月，在苏州市区划调整中，随金门街道一起由金阊区划入平江区，隶属于平江区教育文体局。2009 年，由于教育布局的调整和教育发展的需要，马医科中心小学被撤销，归并入金门中心小学校。2011 年，学校正式更名为苏州市学士中心小学校。

学校现有 21 个教学班，在职教师 62 名，其中高级教师占 88.7%，区级以上骨干教师和学科带头人占 25%。现校址为景德路 403 号。占地面积 6000 平方米，建筑面积 4731 平方米，操场面积 1760 平方米，绿化面积 668 平方米。校园内有众多古树名木，如银杏、香樟、玉兰，古建筑鸳鸯厅更是见证了学校的发展。

学校先后荣获苏州市教育现代化学校、苏州市文明单位、苏州市德育先进学校、苏州市信息化示范学校、苏州市依法治校先进学校、苏州市少先队教育现代化示范学校、苏州市语言文字规范学校、苏州市信息化先进学校、苏州市艺术教育先进学校、苏州市体育传统学校、苏州市绿色学校、苏州市青少年业余训练先进集体、苏州市校务公开先进学校等称号。

历任校长一览表（1907—2017）

任职时间	姓名	备注
1907—1911	王同愈、彭福孙、蒋炳章、吴本善	总理
1912—1927	朱锺杰	
1928—1937	陈树基	
1938—1941	李玉麒	
1942	季锡祥	
1943	何焕明	
1946.2—1947.2	罗强	
1947.2—1947.8	程中青	
1947.8—1949.7	傅绰光	
1949	吴正方	
1950—1951	王鼎元	
1952—1953	邹素娥	
1953	朱金麟	代理校长
1953.8—1964.2	范体乾	

任职时间	姓名	备注
1964—1968	程学吟	
1968.3—1970.8	周荣耀	校革委会召集人
1970.8—1973.9	葛晓明	校革委会负责人
1973—1975	鲍静珍	校革委会负责人
1975—1977.3	潘苏云	校革委会负责人
1977.3—1978.7	李慧珠	校革委会负责人
1978.7—1984.10	范体乾	
1984.10—1997.8	周佩娟	
1997.8—2002.7	吴志华	
2002.7—2003.2	季文学	副校长主持工作
2003.3—2010.8		
2010.8—2011.8	张芯菁	
2011.8—	沈娟	

附录

苏州市马医科中心小学校，原系美国基督教监理公会中华女布道会传教士金振声（美籍）创办于光绪十五年（1889）十一月，校址在申衙前。光绪十九年（1893）迁至长春巷，定名为长春学堂。光绪三十年（1904）改名英华学堂。1921年英华学校（男部），迁至马医科，改名振声中学，附设小学，藉以纪念创办人金振声之功绩，校长戴美丽（美籍）。20世纪20年代至40年代，万嵩沅、郁烈夫妇先后担任校长。1952年12月学校由人民政府接管，改为公办。1953年，小学校脱离振声中学独立建制，更名苏州市马医科小学校，校长万以智。1953年至1956年，养育巷第一小学、景德路第二小学、振维小学先后并入。斜对面原振维小学校址马医科申时行祠堂辟为二院，作为三年级、四年级教学之处。1964年8月，一、二院各自独立为校，一院名苏州市马医科第一小学校，二院名苏州市马医科第二小学校。1966年后，一度改名为反修小学。1972年9月，两校合并，复名苏州市马医科小学校。1978年9月定名苏州市马医科中心小学校。景一小学、志成小学、志成幼儿园、颜家巷小学、由巷小学、梓义小学、干将中心小学、文山小学、因果巷尚志小学、砂皮巷小学先后并入。1964年后历任校长有许以源、朱宝珍、张德驹、尤慕兰、尤涛、朱正芳、陆丽瑾。2009 年，马医科中心小学校被撤销，归并入金门中心小学校。

历年从该校毕业的杰出校友有小说家顾明道、中国科学院院士潘承洞、画家杨明义、国际机器人奥林匹克竞赛冠军岑振洲等。

专访苏州市金门中心小学校原校长周佩娟

口述者：周佩娟
访录整理：林锡旦
访谈时间：2018 年 3 月 7 日
访谈地点：苏州市学士中心小学校办公室

问：您是什么时间段在金门中心小学的？

答：我是 1981 年到金门中心小学，直到 1999 年退休。前三年做教导主任，后来一直当中心小学校长。最后一年半担任辅导区联合支部书记。

问：听说您与学校全国教师劳模徐烈芬老师蛮熟的，是怎样认识的？

答：那是在 1961 年。我是高中毕业，没有读师范就当了小学教师。担任五爱小学校长的徐烈芬因为身体不好，把我调到五爱小学教四年级，这样代课上课，我们就认识了。我是工作不久，她是老教师，我就成了她的学生。

问：根据校史资料，徐烈芬是当时苏州教育界唯一参加全国群英会的教师。她有什么教育特色或贡献？

答：徐烈芬老师原来对低年级（一、二年级）做识字教育，她针对"填鸭式"教育的弊病，主动创新语文教学方式，改革做了"集中识字"教育。因为识汉语拼音工作量比较大，借助拼音来指导阅读，徐老师重点放在看图识画、写画，当时是个创新。图画书上一页有四幅画，每幅要求写一句话。她不止要求一句，她培养学生通过观察，每幅画

能写二至三句。二年级学生能很好地完成。这样通过看图识画、写画，这些小短句连起来就成了一篇很像样的作文了。通过观察、思考，培养学生写作能力，字也识了，汉语拼音也识了，教学成果显著。1960年，群英会上她与刘少奇握了手，周恩来总理宴请大家，在舞会上徐烈芬还与朱德一起跳过舞。

问：您跟徐老师学到了什么？

答：她带班到四年级，身体不太好，就带我进入五爱小学跟她一起教书。从备课、批改作业到如何进行家访，设计少先队主题活动方案等；因为我没有进过师范，不会弹琴，她还利用中午休息时教我弹风琴，手把手教我。她培养青年教师做得很好，做出许多成绩。真正是"用心来培养的"。当时学生10岁左右，我只有19岁，大家相处都比较融洽。我成了徐老师的学生，积累了不少经验。后来这批学生小学毕业50周年时，特别邀请徐烈芬和我参加聚会活动，说明大家对这段学习观察识字写文都很有感情。我是她的第一个徒弟，也是最后一个徒弟。这是我们的缘分，我们有过三次"握手"。

问：请介绍一下是哪三次？

答：第一次是她调我到五爱小学，我成了她的学生，有了不少长进。从五爱小学出来，我被调到环秀小学教书，后来她也调到环秀小学，有了第二次在一起的机会。环秀小学出来，我被调到海红小学当教导主任，她调到金门小学任副校长，1981 年我也被调到金门中心小学当教导主任，这就是第三次"握手"，以后一直到退休。50 多年来我们一直保持密切联系，包括她的家人都与我十分熟悉，她有什么事情也会通知我，我总会赶去她那里帮忙解决。

问：请说说您在金门中心小学的工作情况。

答：后来学校从金门对面搬到景德路现在的地址。学校主要进行教育改革，其中最突出的是校长负责制。金门辅导区以金门中心小学为中心，还有天库前小学、南新路小学，三位老校长组成督导小组，徐烈芬也是其中之一。三所学校三种情况，一所是有党支部、一所是民主党派、一所是无党派人士，最后没法解决。随着大形势，先是南新路小学并入天库前小学，后再一起并入金门中心小学。

问：请说一下学校在教育上有什么特色？

答：主要特色有两个：一个是数学教育，一个是德育教育，我校因这两个教学特色被评为全市先进集体。

问：数学教育有什么窍门？

答：一是从计算程序教学，其中要求"落笔准确""一步一回头"，在计算过程中，前面先要步步把好关，最后就不用验算了。既省时间，又保持准确。二是对应用题的分析，提出"问句到题""从题意到问题"。从问题想什么是已知条件，有多少已知条件；从题意可提几个问题，一题多问。这样前后一分析，应用题就迎刃而解了。三是加强听算、口算训练。老师口头讲，提高学生听觉能力，培养学生思想高度集中、快速答题的能力。这些基本功练好，养成习惯了，学生终生受用。

问：德育教育有什么特点？

答：我们通过校史、街史的特点进行德育教育。我们学校百年校史，出过英烈。其中一位倪淑英，1934 年在吴县新闻小学任过教，在抗日烽火中，国难当头，倪毅然放弃优裕生活，奔赴抗战前线。1938 年春入党，1943 年为保护国家机密壮烈牺牲，年仅 26 岁。一位傅缉光，1927 年担任中共苏州小教支部书记、平江区委书记，为 28 天的"索薪斗争"组织领导人之一，任过本校校长。学校西侧高井头原二十一中是当年日本驻苏宪兵司令部，学校会邀请居委会主任来讲当年的这段历史。

学校通过五旗：党旗、国旗、军旗、团旗、少先队旗，在展旗仪式上请当年铁道游击队原型领导来讲革命历史，进行生动的革命传统教育。

问：有没有突出的事例来反映学校的面貌？

答：有过一次中队主题活动"喜看家乡新面貌，勤巧双手绘蓝图"。这个活动起因是学校有位大队委学生写了一封信给市领导，要求重视培养学生的动手能力。此事引起市领导的重视，于是六年级中队辅导员邵梅琴组织主持下，在操场上进行了上述主题活动，展示了由少先队员巧手以可乐瓶制作的烟缸、花篮等日用品，以及包馄饨等能展示少先队员"勤巧双手绘蓝图"的成果。市领导亲自到校参观，勉励少先队员勤巧的动手能力，当时报纸也做了宣传。

还有培智学校的学生随班就读。有位智商有点问题、腿脚不便的学生在我校随班就读，我教育班级学生不要歧视身残的同学。该学生上厕所等不便时，同学们会争先上前帮忙。这位同学在大家热情关怀下，与普通学生一样进行学习。当操场上举行升国旗仪式时，他还是坚持走到操场参加仪式，表达自己爱国之情。日本研究这方面的学者曾来采访过。其家长很感动，特地捧了一束花在校门口等放学，一定要送给我表示谢意。

问：最后请您谈一下对学校未来发展的意见。

答：两个百年老校合并后，学校的学生变多了，但场地只有这些，进出都显得很拥挤，操场只有 1760 平方米，做操、活动都很不方便。万一出了什么事连疏散通道都没有。西侧原交通局搬迁后，我们曾计划将此并入我校，现在被轨交公司所用，但轨交公司在广济南路与干将西路交叉口建有专用大楼，希望有关方面能帮助我们改变拥挤不堪的困局。

专访苏州市马医科小学校 1957 届毕业生陶永基

口述者：陶永基
访录整理：林锡旦
访谈时间：2018 年 2 月 8 日
访谈地点：苏安新村陶家

问：听说你们家有四代教师，能否介绍一下？

答：好的。说起当老师，我们一家前后要有 20 多位都是当老师的，教育世家，说来话长。

我的外祖父万嵩沅是振声中学校长，这是我们家族教育工作的开始。外祖母郁烈年轻时曾只身前往日本留学，结识了宋庆龄，回国后在上海商务印书馆开办的学校教习英文，其间与宋庆龄、何香凝常相往来。后在苏州振声中学执教，抗战时成为该校校长。1941 年 12 月，她坚决反对日伪接收学校，被关进特工区监狱。外祖母刚正不阿的品格被传为佳话，国外媒体盛赞她是"一个坚强的中国女子"。抗战胜利后，继续任教。

问：万嵩沅、郁烈是近代苏州教育界知名人士，有什么补充吗？

答：有的报道中误将外祖父名字写错了，不是"源"，而是"沅"字，这个错误我们后辈看了总感觉不舒服。"嵩"是山高，"沅"是水洁，都是喻人之高洁。万嵩沅故居位于幽兰巷 11 号。

问：那后来呢?

答：1952 年 12 月，学校由人民政府接管改为公校。1953 年，学校脱离振
声中学独立建制，更名"苏州市马医科小学校"，校长是我的四姨妈万
以智，她是有名的数学教师。

万家生了五朵金花，为"以"字辈，五女依次名：以仁、以义、以礼、
以智、以信。其中老二早夭，其他四女均从事教育工作，老大、老三
在沪工作，老四、老五在苏州工作。我的母亲万以信在读完师范后也
进了马医科小学任幼教。1956 年，母亲出版的《折纸集》填补了国
内幼教手工教材的空白，该书两次再版，不仅在内地幼教界被广为传
用，还被带到了中国香港、美国等地。40 多年内，母亲还被借调到教

师进修学院、新苏师范任教，教过幼儿园、小学、初中、高中等，学生遍布江苏、上海等地。

我的父亲陶敏荣，1936年毕业于苏州美术专科学校，师承颜文樑先生，曾在横泾中心小学、马医科小学、金门小学、苏州市第七中学任教。他是中国美术家协会会员，擅长油画、水彩画，在中国画方面也颇有造诣。其作品在父亲诞生一百周年时都捐给了颜文樑纪念馆。

问：你们家族第二代都在马医科小学、金门小学任过教，这两所百年老校现在已合并为苏州市学士中心小学了，真是巧得很。第三代的情况呢？

答：我们这一代做老师的也不少。我姐姐陶雪高中毕业后在苏纶纱厂职工子弟学校任教。姑妈下有两个子女，一个在西北工业大学任教，一个在科技学院任教。嬢嬢的小孩在新加坡也是老师。我大概是第三代中任教时间最长的一个了。

我最早在1964年初就在卫前中学（后改为第十七中学）任教，1969年底"上山下乡"到滨海，1971年到滨海正红中学，1980年回苏到苏州第十七中学，2001年到一初中过渡一年，2002年到苏州市第六中学，直到2006年退休。退休后又在苏州中学园区校工作到2012年，前后从事体育教育工作46年。我感到做教师很幸福，有时候走在路上不期然会听到有人招呼我"陶老师好"。阔别多年，我有时会叫不出学生的名字，但总是高兴地应着，若时间允许，还会在街头和学生一起回忆当年的情景。

问：现在该第四代当家了吧？

答：现在第四代也成为教书育人的骨干了。我姐姐的女儿瞿枫现在在一初中教美术，办有瞿枫工作室；我兄弟陶万灵，因为外公万家五个女儿，没有传人，他特地改姓名为万灵，女儿则名万维佳，在苏州大学艺术学院教授钢琴。

我一直牢记母亲不厌其烦地诠释"决不把坏情绪带进课堂""教师的爱是学生进步的法宝"等道理，叮嘱儿孙辈要成为学生喜爱、敬重的老师。这一良好传统也在他们身上得到了传承和体现，这使我很欣慰。

专访苏州市金门中心小学校 2000 届毕业生方华

口述者：方华

访录整理：林锡旦

访谈时间：2018 年 3 月 15 日

访谈地点：苏州市三香路 998 号 4 号楼

问：您当时家住哪里？是不是就近读的小学？

答：我家住施林巷，就近读的小学。

问：您是哪一年进金门中心小学学习的，哪一年毕业？

答：我是 1997 年初由穆光小学转学进入金门中心小学学习的，是三年级的下学期，2000 年小学毕业。

问：您在学校时，班主任是哪位？留给您怎样的记忆？

答：我记得当时的班主任是一位教数学课的女老师，叫陆维华，年龄四五十岁，个子挺高，戴了一副眼镜，平时教学严谨，认真负责，和蔼可亲。

问：在学校时，是否有印象深刻或难忘的事？

答：当时在校时担任中队委，参与过班级管理；经常去金阊少年宫参加培训学习，加入了学校鼓号队和合唱团，多次参加校内外比赛和演出。

问：小学时您最喜欢的课程是哪几门？

答：语文、数学、美术、音乐等。

问：小学是人生的启蒙阶段，也是人生成长期，给您人生带来的收获有哪些？

答：懂得父母的养育之恩，学会和同学和睦相处，养成良好的学习习惯，拥有较好的性格、品行。

苏州市敬文实验小学校

徐维新

苏州市敬文实验小学校坐落于苏州市姑苏区皮市街 341 号，其前身是 1942 年朱敬文以自己所置皮市街房产创办的敬文小学。1949 年后，有北街中心小学、平门小学、齐星小学先后与敬文小学合并，三所小学的创建时间还可往前推：北街中心小学的前身是创建于清光绪三十三年（1907）的公立半日学堂第二校，平门小学的前身是创建于清光绪三十四年（1908）北寺小学，齐星小学的前身是创建于 1940 年的齐贤小学二院。

敬文小学的创办人朱敬文，名朝钦，1906 年出生在扬州江都县，幼时在乡村私塾读书，父亲在上海一家商行做会计，16 岁时随母亲来沪，先在面粉厂当学徒，年未弱冠，即事商贸推销国货，21 岁进德国洋行当职员并自学英语，30 岁自创公司，倾经商所盈，于苏州设敬文小学。去香港后，历任香港华孚地产有限公司经理、立德制衣厂董事长、万所制衣厂董事长、鼎大金属制品厂永久董事、仁济医院总理、港九总商会理事等，创设敬文留美大学奖学金、香港朱敬文教育基金会，1996 年 12 月 16 日在香港去世，安葬在苏州东山华侨公墓。

朱敬文好友王缄三生前回忆：朱敬文在上海与苏州两地经商投资，在上海法租界卜邻里开设朱敬记进出口行，在德商孔士洋行任职，在苏州阊门下塘混堂弄开设民生扇厂，是东中市中法药房股东之一，并涉足房地产。1937年苏州沦陷前后，朱敬文在东中市厚福里、包衙前、平门内等处买进了一批房地产，其中就有皮市街的房子。

皮市街的房子是一片旧屋，以前曾为祠堂。苏州沦陷后，时局动乱，民生凋敝，孩童失学，日伪军见有空的房子就占用。朱敬文为使失学的孩子有学校可以读书，自己的房产也能避免被日伪军占用糟蹋，在1942年利用皮市街旧屋，创办敬文小学。敬文小学校舍虽旧，设备虽陋，家境贫苦的孩子却在国难当头之时得以免费入学，因此又有"敬文义学"之称。学校为初小，设一至四年级。朱敬文任董事和校长，教师有程莉芬、陈丹霞、陈湖影三位女子。

1945年，王泽清（原名王企珠）从西北街初小毕业后考入敬文小学。王泽清生前在致母校的信中回忆，敬文小学的两位老师来到家中，表示学校就是为穷人而办的，家庭困难的学生可以免去学杂费，还供给书本。王泽清是初小毕业再入敬文小学读书，显然彼时的敬文已是完小。王泽清回忆：一年级和二年级在一起（一、二复式）、三年级和四年级在一起（三、四复式）、五年级和六年级在一起(五、六复式)，校长是朱敬文先生兼任，副校长是社教学院教授沈元直先生兼任，小部分教师是专职，大部分教师是社教学院的学生所兼。

之后的敬文小学又如何？见两份民国三十七学年度的资料。

资料1：民国三十七学年度第一学期《吴县私立小学校概况表》

学校名称：吴县私立敬文小学校。校长姓名：沈维钧。校址：皮市街123号。战后设立年月：民国三十六年十二月。校产：校舍24间（自建，非公产或借租），校地5亩（估值700万元）。基金：不动产700万元，现金6000元。教职员人数：专任教员女3人，专任职员男1人。学级儿童概况：一年级与二年级合为1班，学生数一年级男14人、女9人，二年级男8人、女15人；三年级与四年级合为1班，学生数三年级男6人、女9人，四年级男3人、女2人；总计4个年级2个班，学生66人，其中男31人，女35人。本学期经常费预算：2400元，本学期无临时费预算。本学期经常费来源：学什费初 330 元。本学期经常费支出：俸给费 2100 元，办公费 300 元，特别费无。免费生数量：初级 66 人，占全数 100%。备注：1. 特别费无定额，视临时需要，由校董会补助；2. 学费免收，各级收书籍杂费 5 元。校董会立案。教育局三十六年十二月十二日校字第一二九九号指令照准。三十七年十二月十二日（盖校钤）。主管人：沈维钧（盖章）。

资料2：《吴县三十七学年度第二学期私立小学调查概况表》

校名：吴县私立敬文初级小学校，校址：本城皮市街 123 号。校长：沈维钧。立案年月：三十八年一月核准试办。班级数：初 4 个班，分一、二、三、四年级，一、二复式，三、四复式，共二学级。儿童在籍数 85 人，一年级男 26 人、女 9 人，二年级男 10 人、女 12 人，三年级男 9 人、女 9 人，四年级男 7 人、女 3 人，实到 80 人。校舍种类：民房（非祠庙特建）；校舍产权：学产（非地方公产、无偿借用、租用）；集会室 2 间，办公室 2 间，儿童活动室 2 间，图书室 1 间，厕所 2 间，宿舍无，运动场 100 方尺；教室 5 间，容量 80 人，方向向东或南，光线充足，空气流通。行政组织有董事会，学校行政校长，下设事务、教导两组。每学期开董事会议一次，每月开教导会议一次。规程表册有教学周录、学生成绩、教师学生请假登记、学校日志、本校行事历、会议记录、概况表等。教职员人数：专任教员男 1 人，女 3 人；教职员资历（分六等）：乙等 2 人，己等 2 人；经费来源（每学期计算）：学杂费，初，八石五斗，董事会补助二十一石五斗，总计白米三十石。支出（每学期计算）：俸给费白米二十八石八斗，办公费一石二斗，特别费无，其他无，合计白米三十石。学生纳费（分学费、代办费、其他）：代办，初，八石五斗；免费情况：初，学费全部免收。设备：黑板大 3 块、小 3 块，教学用具共 8 件，双人桌椅 60 付，普通用具共 37 件，儿童读物共 40 种计 40 册，教师参考书共 20 种计 35 册。教师每周任课分数，最多 780 分，最少 60 分。儿童平均年龄，最高 14 岁，最小 6 岁。儿童部学科目及每周教学分数：初级，团训 60 分，国语 390 分，算术 180 分，常识 150 分，唱游 180 分，工作 150 分，共计 1110 分；中级，团训 60 分，国语 480 分，算术 180 分，常识 180 分，唱游中又有音乐 90 分、体育 90 分，工作中又有美术 60 分、劳作 90 分，珠算 90 分，共计 1320 分。训育标准：依据教育部所颁小学训育标准。自治组织：巡护团，小医院，清洁队，小商店。课外活动：歌咏，各类游戏，劳动服务，背书默书。体育：徒手操，集体操，田径，掷球，跳远，篮球。成绩考查：每周测验，每月月考，学期终测验；方法有默字，填充，问答，改错，选择，重组，是非，注释；以百分计分。本学期应届毕业数：男 7 人，女 3 人。校址所属乡镇名：北街镇。三十八年四月九日（钤记）。填报者：沈维钧。

两份资料是仅见的民国时期敬文小学的调查文字，所含信息也多，有彼时敬文小学的许多办学细节，所以作了较详细的摘录。比如资料所示，民国三十七年（1948）的敬文小学只是初小，而王泽清却是民国三十六年（1947）敬文完小毕业，由此可见，敬文小学曾有过短暂的完小时期。透过文字又能见民国私立小学的生存细节：如学校的经费来源包括董事会补助，教职员俸给费等支出均以白米计算，抗战胜利后对小学有个立案设立、登记核办的顺序等。

概况表所示，民国三十七年至三十八年（1948—1949）四月敬文小学校长为沈维钧。沈维钧，号勤庐，1902 年生，祖籍浙江吴兴。燕京大学毕业，历任上海书局通俗刊物编辑、苏州桃坞中学教师、苏州中学教师、东吴大学教员兼北京国学院助理研究员、上海光华大学教员、中央古物保管委员会干事、上海博物馆艺术部主任等。1946 年任社教学院图博系教授。1950 年任苏州图书馆编目部主任，后任苏州文管会专职委员。沈维钧于青铜器、金石均有研究，著作有《寰宇贞石图目录》《实验高中国文》《新式初等地理读本》等。1971 在白塔东路家中去世。沈维钧曾为苏州敬文小学校长之事却鲜为人知。

1949 年，敬文小学有程莉芬、陈湖影、苏永初（音）、章慧珠四位女教师。沈维钧在 1949 年 4 月至 1950 年继续任校长。

1950 年苏州市教育局接办 57 所私立小学，其中有敬文小学。章慧珠自1950 年起任敬文小学校长，陈湖影任教导。敬文小学校史室中有一张 1951年的敬文小学校徽图片，一颗红星，四个红字，设计简洁又具时代感，校徽捐赠人是章慧珠。

1956 年 2 月《苏州市公私立小学一览表》所示：私立敬文初小，校长章慧珠，校址在皮市街 219 号（旧门牌），有小学 4 个班、学生 193 人，幼儿园 1 个班、学生 51 人，员工数：小学 5 人，幼儿园 1 人。1956 年暑假，私立小学校全部改为公立，私立敬文初小易名为皮市街小学，初小亦改为完小，校长陈湖影，校址在皮市街 289 号（旧门牌）。

1959 年皮市街小学并入北街中心小学。北街中心小学位于西北街 110 号，原为公立半日学堂第二校，校址在天后宫内，创办人为王同愈等，招收手工业者子女入学。1912 年称苏州市立东区第七初等小学校，1949 年后改名苏州市北街中心小学。

皮市街小学并入北街中心小学，两校校舍仍分别在各自的原址，皮市街小学原址有一年级 7 个班和幼儿园 3 个班。

1963 年，皮市街小学和北街中心小学两校又分开。《东风区红卫街道红卫小学（向东地段）教师情况表》所示，1966 年后，皮市街小学一度称红卫小学，学校管理组人员大都是专任教师中的地段革命委员会委员。1970 年，由彼时的文教卫革命委员会决定，北街中心小学迁入皮市街 289 号皮市街小学。两处校舍合并后名北街中心小学，1973 年改名为苏州市北塔中心小学校。

1978 年，学校有 481 名学生，12 个班级（含幼儿园 2 班），专任教师 31 人。1985 年，有 434 名学生，13 个班级（含幼儿园 1 班），32 名专任教师。1987 年 7 月，苏州市北塔中心小学校更名为苏州市敬文中心小学校。

1997 年，平门小学并入敬文中心小学。平门小学在官库巷 38 号，原名北寺小学。学校原为初小，1955 年始招五年级新生，成为完小，校长吴家霞（北街中心小学副校长戴燮尧的夫人）。敬文小学退休教师王勤受访时回忆："我是小学五年级进的平门小学，记得第一天开学典礼，我戴着红领巾去学校，学校里只有我一个人戴红领巾，同学见了都很奇怪。因为当时学校成为完小了，平门小学成立了少先队中队，我是少先队中队长，老队员给新队员戴红领巾，同学的红领巾都是我给他们戴的。1956 年，我成为平门小学的第一届完小毕业生。"敬文小学退休教师蒋杏珍在 1992 年调入平门小学任教导，她受访时回忆："我调入时，平门小学只到四年级，二轨制，幼儿园 2 个班，学校生源很好，有许多是阀门厂、林机厂和铁道师范学院的职工子女，1997 年平门小学并入敬文中心小学时，一年级已不收学生，并过来的是二、三、四年级 3 个班。"

1997 年，苏州市敬文中心小学改名为苏州市敬文实验小学校。

1998 年，齐星小学并入敬文实验小学。齐星小学在齐门内星桥巷 6 号，原为创建于 1940 年的齐贤小学二院。齐贤小学在齐门外下塘南马路桥桥堍以南，原为齐门外米业小学堂，校长徐晋铺。1966 年后，校名一度改为向阳小学。齐星小学的小学生女子篮球队自 1977 年至 1982 年获苏州市红领巾杯第一名，参加江苏省小学生篮球基层比赛获苏南赛区第一名。

1999 年 10 月，敬文实验小学通过省教委的实验小学评估验收。截至 2017 年 6 月，学校有在籍学生 1474 人，班级 36 个，教职员 87 人。

敬文小学自创办以来，历经沧桑，校名几经变易，但校址一直没有变。校址没变，校园在变，不断扩大。至 2017 年 6 月，学校占地面积 9598 平方米，建筑面积 9044 平方米，学生活动场地 3215 平方米。

敬文小学的创立与发展，离不开朱敬文、朱恩馀父子。朱敬文创办了敬文小学，朱恩馀承父志资助敬文小学。朱恩馀 1984 年捐资 4.9 万美元（平江区政府投资 20 万元人民币）建成了育才楼；1987 年捐资 47 万港币，建造了近 600 平方米的四层楼敬文少儿图书馆；1992 年捐资 8 万港币，用于添置计算机设备；1996 年捐资 250 万元人民币，扩建校舍 3000 多平方米，又购置了计算机等教学设备，铺建了 152 米环形跑道；1998 捐资 20 万元，用以添置教育设备；2005 年至 2008 年捐资 500 万人民币，用于改扩建校园等。20 世纪 80 年代以来累计捐赠 1200 多万元人民币，其中 1996 年的 250 万元人民币，是朱恩馀建立香港善源基金会的第一笔捐款。敬文小学发生的变化，凝聚着朱恩馀先生倾注的心血。朱恩馀先生虽然富有，生活却极其简单朴素，他常说"要把钱用在需要帮助的人身上"。父子情深，敬文恩重。校园里有朱敬文先生的塑像。

敬文实验小学校训"崇德敬文，求新乐群"，办学规模六轨，最大可容纳学生 1550 多名。电化教育是学校的办学特色，20 世纪 70 年代末率先在省、市小学中将电化教育运用于语文、数学和自然等学科，1984 年确定为江苏省电化教学试点学校。1992 年学校获朱恩馀捐资添置计算机，组织计算机教学及计算机辅助教学，同年被省教委命名为江苏省电化教学示范学校，1997 年被授予江苏省电化教学先进集体、江苏省教育先进学校。21 世纪初校园网建成。学校曾获国家现代教育技术实验学校、江苏省名小学

等称号。2008年机器人世界杯苏州公开赛，敬文实验小学选手周人一和队友荣获机器人救援冠军。

　　苏州高考状元中有两位敬文实验小学毕业的学生：朱文卿，1997年敬文实验小学毕业，2003年苏州高考（文理科合并）第一名，就读北京大学；李韬，2001年敬文实验小学毕业，2007年苏州高考（文理科合并）第一名，就读清华大学。

1949年后历任校长一览表（1949—2017）

任职时间	姓名	备注
1949.4—1950	沈维钧	
1950—1956	章慧珠	
1956.8—1959.2	陈湖影	皮市街小学校长
1959—1972	钱润华	北街中心小学校长
1963.8—1970.8	彭名芬	皮市街小学校长
1972	周道敏	北街中心小学校长
1973.2—1975.1	邓惠英	北塔中心小学校长
1975—1978	夏友铭	

任职时间	姓名	备注
1978.2—1984.8	汤仙霞	
1984.9—1986.2	王伯英	副校长主持工作
1986.2—1990.8		
1990.8—1998.8	张德驹	
1998.8—2001.8	王莲芬	
2001.8—2008.8	钱雅芳	
2008.8—2011.8	潘娜	
2011.8—	张苾菁	

专访苏州市敬文实验小学退休教师程莉芬

口述者：程莉芬
访录整理：徐维新
访谈时间：2017 年 5 月 31 日
访谈地点：苏州天易养老院

问：敬文小学初创，您就是学校管理人之一，能回忆一下当时的情况吗？

答：敬文小学的房子，是朱敬文买下的人家旧房子，一进一进的老式房子，大都是破破烂烂的平屋，部分有楼，窗都是明瓦，明瓦都是坏的，冬天冷得厉害，一只三开间的厅做课堂，好像楼上也有课堂，房子的背后有大院子，有空地。朱敬文把买下的房子交给我们办学校，是因为反动派的军队（指日伪军）见有空房子就要占用，就要来住，办了学校，反动派的军队就不来了。

来敬文小学读书的都是穷苦人家的孩子，有钱人家不来的。学生不多，一、二复（即一、二复式）和三、四复（即三、四复式），4 个年级共 2 个班，分两个课堂，没有五年级和六年级。收费很少，具体多少记不起来了，好像只有五角几角的，不分学费、书费。

问：教师又是怎样的情况？

答：刚开始，学校就是陈丹霞和我两个人。再后来陈丹霞离开了，陈湖影、章慧珠先后来了。三人中章慧珠年纪最轻，她毛笔字写得好，陈湖影比我大一岁。陈湖影、章慧珠都已经结婚，由先生负担家庭开支。我家的房子就在敬文小学的对面，是祖父的房产，我还没有结婚，由父母负担我的生活。我们彼此商量，章慧珠年纪最轻做校长，陈湖影做教导，我做老师。陈湖影原先住在横塘的老年公寓，我年纪大了，也没能去看她，她在那里过世的。学校里我寿命最长了，今年101岁，许多事都忘记了。

问：您还记得朱敬文父子吗？

答：朱敬文在做一种治疗小孩消化不良的消食药。我见到朱敬文的儿子时，他只有10多岁，我才20多岁，那时，朱敬文一直搀着儿子来学校。

问：能说说您到敬文小学之前的事吗？

答：我先在苏州慕家花园的英华女中读初中，穿的还是童子军衣服呢，打仗了（抗战），就到上海惠群女中读高中。母亲是家庭妇女，父亲、哥哥、叔叔都在上海铁路工作，因此我能到上海读书。高中毕业，我先在苏州东中市的钱业小学做老师，那是钱庄办的私立小学校，校长钱仲鹿。我教的一年级有 99 个学生呢。

问：后来您就一直在敬文小学？

答：是的。在敬文小学我一直是做老师，后来从北街中心小学调到北寺小学（平门小学），在那里退休，之后平门小学并入敬文小学了，我还是敬文小学的退休教师。

专访苏州市敬文小学校曾任教师章慧珍

口述者：章慧珍

访录整理：徐维新

访谈时间：2017 年 11 月 24 日

访谈地点：东方苑章慧珍寓所

问：您哪一年到敬文小学，当时学校的情况又是如何？

答：我今年 85 岁，1951 年到敬文小学时只有 19 岁。之前的敬文小学只有 2 个班级，即一、二复式 1 个班，三、四复式 1 个班，有程莉芬、陈湖影、苏永初（音）、章慧珠四位老师，都是女性。我到敬文时，苏永初（音）已离开敬文。敬文小学的房子有三进。第一进三开间，有楼，可隔成教室；第二进是个大厅；第三进又有楼，可以住人，一间二隔厢；边上有门，里面有一片空地，做了操场；第三进的左面还有旱船，那里做了幼儿园。

敬文小学要有团员才能建少先队，称团带队，1953 年发展我入了团，学校建少先队后我任总辅导员（即大队辅导员），各位班主任为中队辅导员。

学校里没有工友，打扫卫生都是自己做，校长台上有只铃，有只闹钟，上下课时间到了老师就摇铃。1952 年从礼堂回来才有了工友，礼堂是沈维钧租下作敬文教室的。

问：您知道沈维钧？礼堂又是怎么一回事？

答：我见过沈维钧，知道他是朱敬文的表阿舅（朱敬文是沈维钧的表姐夫），他的生平情况不清楚。朱敬文为校董，朱敬文去香港时由沈维钧当校长。1950 年，教育局提出私立小学的校长也要上课，沈维钧在敬文小学不上课，他在苏州博物馆有工作，便提出就不挂名了，让程莉芬、陈湖影、苏永初、章慧珠四位教师自己推选一人当校长，大家就推章慧珠当校长，陈湖影为教导。1951 年沈维钧一度租敬文小学对面的礼堂作教室，将敬文小学的房子另租给卫生干校，因为敬文的房子大，礼堂的房子小，两边的租金相抵后还有些剩余。第二年（1952）卫生干校不办了，敬文小学又回到原来的房子里。

问：请谈谈您记忆中的敬文老师和往事。您后来在哪个学校退休？

答：章慧珠是我大姐。我家是苏州的，大姐约在 1949 年下半年或 1950 年进的敬文小学，四位教师中章慧珠进敬文时间较晚，其他几位老师都不肯做校长，她小楷写得好，被大家推为校长。1956 年私立学校变公校时，人员也可以调动，因姐夫在南京工作，大姐就调到南京雨花路小学当校长（之后曾下放溧水小学当校长）。这是我保存的 1956 年夏天敬文小学全体教师怡园留影照片，自左至右依次为：章慧珍、丁善继、章慧珠、陈湖影、瞿惠英、沈培英、程莉芬。我教一年级，瞿惠英会弹琴，教幼儿班，她还做过学校会计，今年 92 岁，只是过去的事她什么都不记得了。我常去看望程莉芬和瞿惠英。丁善继是学校里唯一的男老师，他大约在 1953 年或 1954 年进的敬文小学，1956 年上了大学，毕业后在长风技校当教师。

1956 年暑假后便由陈湖影任校长。1956 年前的敬文小学是私校，只有一年级至四年级，1956 年暑假改为公校，改称皮市街小学，原来的初小变成完小，其中四年级升为五年级，到 1957 年五年级又升为六年级。1959 年皮市街小学并到北街中心小学，敬文原址只留一年级 7 个班和幼儿园大、中、小 3 个班，二年级以上都在北街，我教二年级就到北街去了。1970 年时，北街中心小学迁入皮市街小学，皮市街小学的老师都调到善耕小学，我因此离开皮市街小学到了善耕小学，后来又调到拙政园小学，在那里退休。

专访苏州市敬文实验小学校原校长张德驹

口述者：张德驹
访录整理：徐维新
访谈时间：2017 年 5 月 17 日
访谈地点：敬文实验小学接待室

问：您是敬文的老校长，哪一年到敬文的？
答：我原在平江实验小学当校长，1990 年调到敬文中心小学任校长，退休前任书记，在敬文工作了 15 年，今年 72 岁了。

问：您与朱恩馀先生有过许多接触，见过朱敬文先生吗？
答：朱恩馀先生第一次捐款造了育才楼（楼名亦为朱恩馀先生所取），第二次捐款造了四层楼的敬文少儿图书馆。1990 年 9 月我调来敬文时，图书馆已造好，10 月图书馆楼落成，朱恩馀先生出席剪彩仪式。1995 年，我去香港和朱恩馀先生面谈捐助的事，朱先生答应捐助 250 万人民币。学校用这笔捐款拿下了一块地，造了教学楼、实验楼等三幢房子，同时又购置了计算机等设备。当时计算机很贵，一台 386 计算机要 1.5 万元。朱恩馀先生希望敬文能成为实验小学，于是有了后来敬文实验小学的命名和省实验小学的验收。在香港我没能见到朱敬文先生，先生当时已中风。

问：皮市街小学与北街中心小学有过怎样的合并经过？

答：皮市街小学与北街中心小学有多次的分合。1960 年的分开，实际上是领导班子一分为二。1970 年为何要再次合并？是因为北街中心小学要让给苏州市第三十八中学，就迁到皮市街 289 号（旧门牌）皮市街小学，校名改为北塔中心小学。

问：能说说平门和齐星两所小学并入敬文的情况吗？

答：中心小学要管其他学校，敬文中心小学连自身在内共管 4 所学校，除平门小学和齐星小学，还有齐门小学，现在叫崇道小学。1997 年平门小学并入，1998 年齐星小学并入时敬文已为实验小学。敬文要扩充校园，平江区政府以土地置换的方式，先在 10 号街坊划出一块地给敬文小学，后来将平门小学和齐星小学两所学校的地划给了 10 号街坊。

专访苏州市敬文实验小学校退休教师吴琪玪

口述者：吴琪玪

访录整理：徐维新

访谈时间：2017 年 5 月 24 日

访谈地点：敬文实验小学教导处

问：能谈谈您所知道的朱恩馀先生寻访敬文小学的经过吗？

答：20 世纪 80 年代，朱恩馀先生遵父嘱到苏州办两件事：一是寻找敬文小学，一是寻找和迁葬祖父的墓。时光变迁，朱恩馀在当时称为北塔中心小学的周围徘徊良久，因为不能确认，只拿着相机拍了小学周边的一些照片，但没有走进学校。祖父的墓则通过苏州市侨办找到，墓地在灵岩山西侧部队营区内，确认后将墓迁往东山华侨公墓。朱恩馀非常感激，便以 4.9 万美金赠款以表谢意，市侨办婉言谢绝了赠款。朱恩馀又通过市侨办确定了父亲创办的敬文小学校就是北塔中心小学，并取得了联系，最后捐款就给了北塔中心小学。这是朱恩馀给学校的第一笔捐款，学校用这笔捐款造了育才楼。

问：朱恩馀先生捐建的育才楼和少儿图书馆都已拆了重建，能说说其中的原因吗？

答：育才楼建在现在的学恩楼处，1985 年竣工，楼里的大礼堂建有舞台，这在当时是很少的，楼顶是露台。当时学校急需用房，在育才楼顶露台上加盖了一层，作幼儿园小朋友午睡的地方，房屋因此负荷超载，西北角土质较松地基下沉，为学生安全考虑就拆了重建，如果不加层，育才楼可能现在还在。敬文少儿图书馆因朝东一排窗下雨漏水，后来学校扩建校门南移时，也拆了重建。

问：能再谈谈朱恩馀先生与敬文小学的事吗？

答：朱恩馀先生生活相当节俭。张德驹校长到香港，作为工作访问，朱先生请张校长吃饭，是相当简单的快餐，不够再添，没有一点浪费。我留意到，朱先生每次来学校几乎都穿同样的一件西装，不是很新，藏青深蓝色，非常朴素。朱恩馀有恢复敬文小学校名的愿望，最初因种种局限没能复名。朱家的回信也很委婉，说学校临近北寺塔，校名取北塔中心小学也蛮有意义。随着改革开放的深入和思想的解放，学校与朱家多次通信，提出学校复名的事。

问：您一直都在敬文小学工作，请再说些您和敬文的往事。

答：我家就在学校附近，在窗口就能看见敬文图书馆。我 1974 年 2 月毕业分配到北塔中心小学当老师，2013 年在敬文实验小学退休，在敬文任教 39 年。章慧珠捐赠的敬文小学校徽是校长所佩的校徽，001 编号，黄铜材质。

专访苏州市敬文中心小学校 1989 届毕业生孙雪

口述者：孙雪
访录整理：徐维新
访谈时间：2017 年 5 月 17 日
访谈地点：敬文实验小学阅览室

问：您是哪一年上学，又是哪一年回到母校工作的？请说说学校的变化与
发展。

答：敬文是我的母校，后来我又回母校当老师，至今在母校任教已 19 年。
我 1983 年上学时还叫北塔中心小学，整个校园就一幢楼，基本上一个
年级是 2 个班，我读书的那个年级还只有 1 个班，学校规模和老师数
量都很小，操场还是煤灰的。朱恩馀先生捐款以后开始扩建，造了育
才楼，学生都能在楼里的大礼堂活动。我 1997 年师范毕业后回到母校
工作，学校面貌又有了很大的变化。学校买下了后面的技术学校（原
丝绸技工学校），现在是中、高年级的教学楼。学校一直在扩建，校门
边的教学楼、大操场都是后来造的，整个校舍比我毕业时大了将近一
倍。回母校当老师时学校叫敬文中心小学，老师大概有 60 多位，二轨
制。那一年，有学校开始并入了，我教的那个班级是从平门小学并过
来的，有些老师也来自平门小学。

问：朱恩馀先生多次来敬文小学，您印象最深的是哪一次？

答：朱恩馀先生参加过学校几次大规模的活动，印象最深的是学校 60 周
年校庆那次。大操场上搭起了舞台，朱恩馀先生和家属都出席了校庆
活动，老师有一个表演节目是感恩他的父亲朱敬文先生，朱恩馀先生
很感慨，在下面哭了。朱敬文先生的家人每年都要到苏州扫墓，也会
来学校。学校每年都组织学生前往扫墓，以此缅怀朱敬文先生和教育
学生。

苏州市平直实验小学校

施晓平

苏州市平直实验小学校位于姑苏区平桥直街 99 号（平桥直街恢复名称前为五卅路 71 号）。初名简易识字模范学塾第三塾，由清礼部主事孔昭晋创办于清宣统元年（1909）。塾址为平桥南堍昭忠祠，有塾师 1 人。后改名官立初等小学堂第三十五校。

1912 年，学堂改称苏州市立南区第四初等小学校，蒋廷瑜任校长，设 1 个班，有学生 40 人。此后因办学规模逐渐扩大，昭忠祠及左右两侧祠宇被陆续利用。

1915 年，改称苏州市立南区第四国民学校。1916 年夏，苏州市立南区第五国民学校并入，全校设两个学级。1923 年改名为苏州市立第九初级小学校。1927 年添办五年级 1 个班，并改为完小，改名为吴县县立平直小学校，当时有学生 404 人。1929 年，因吴县城区划出设立苏州市，改称苏州市平直小学校。翌年，苏州市重新并入吴县，仍名吴县县立平直小学校。1934 年有 15 个班（高小 6 个班、初小 8 个班、幼儿园 1 个班），学生 834 人，教师 24 人。

抗战初期一度停课。1938 年初复校，1943 年上半年改称中心小学。1946 年改称吴县平直锦帆中心国民学校。1947 年 3 月，更名为吴县南园镇第一中心国民学校，设 16 个班，有学生 839 人；附设民教部 3 个班，有学生 104 人。1949 年 5 月，改称苏州市南园镇第一中心国民学校。是年 7 月，改名为苏州市立平直中心国民学校。1951 年定名苏州市平直中心小学校。

1958 年试行学制改革，实施"五年一贯制"。

1960 年，拓宽平桥直街，拆除落伽禅院及韦白二公祠前部。滚绣坊私立国基小学并入，为平直小学二院。1961 年，被定为市重点小学。

1968 年，改名为苏州市红旗小学。1970 年后，改称五卅路小学。1971 年小学改建，昭忠祠和节孝贞烈祠全部拆除，原地建起一幢坐北朝南的两层教学楼。1973 年，长洲路小学并入，校名恢复为平直中心小学校。1978 年，平直启动二期工程改建，总孝子祠和韦白二公祠余屋全部拆除，翻建成一幢 Z 字形四层大楼。同年恢复校长制，并恢复中心小学与中心辅导区。平直辅导区包括平直中心小学校、草桥小学校、三多小学校、长洲路小学校、燕家巷小学校。

1980 年被江苏省教育厅确定为"江苏省名校"，1983 年获"苏州市文明单位"称号。1984 年恢复六年制教学。1985 年被评为江苏省传统项目学校先进集体。1988 年学校被评为全国先进体育传统项目学校。

1990 年燕家巷小学并入。1996 年在学校附近征地 500 多平方米，新建 1256 平方米的 4 层综合楼，并增添语音室、微机房、阶梯教室和多功能活动室相关教育设施。

2002 年，竹辉小学并入。2006 年，经江苏省教育厅确认，获"江苏省实验小学"称号，更名为苏州市平直实验小学校。

目前，学校占地面积为 11496 平方米，建筑面积 8271 平方米，分平桥直街校区和竹辉路校区两个校区，有 36 个教学班，89 名教育工作者，1466 名学生。学校拥有市学科带头人 3 人，市教坛新苗 3 人，区学科带头人 18 名，区教坛新苗 15 人。

学校坚持环境育人的原则，加强校园人文景观建设，提高校园环境文化品位。"心平志直"四字校训镶嵌在学校最显著的位置，以"白居易诗歌长廊"展示儒家思想。

学校先后荣获全国NOC（全国中小学信息技术创新与实践活动）教育创新实验学校、江苏省实验小学、江苏省和谐校园、江苏省书香校园建设示范点、江苏省艺术教育特色学校、江苏省红十字示范学校、江苏省科学教育特色学校、江苏省体育特色项目学校、江苏省书香校园、2012—2014年度苏州市文明单位、苏州市文明礼仪养成教育先进学校、苏州市学校体卫艺工作先进集体等称号。

历任校长一览表（1909—2017）

任职时间	姓名	备注
1909—1911	孔昭晋	创办人
1912—1927	蒋廷瑜	
1927.2—1931	蒋泳元	
1931—1937	颜振金	
1938—1945	王稼	
1945—1949	黄刚	
1949.9—1950.2	李光素	
1950.2—1951.2	钱本儒	
1951.2—1951.8	赵兰坤	
1951.8—1952.8	居澂	
1952.8—1956.8	殷传纪	
1956.8—1970.2	吴家华	1968年后为校革委会主任
1970.2—1973	李一珠	校革委会主任
1973—1978	吴家华	校革委会主任
1978.8—1983.3	李一珠	
1983.3—1988.7	韩德华	
1988.7—1990.1	王华伦	
1990.1—1995.8	曹小康	
1995.8—2002.8	王华伦	
2002.8—2009.7	王晔	
2009.7—2017.8	徐玉英	
2017.8—	董晨	

专访苏州市平直中心小学校原校长曹小康

口述者：曹小康

访录整理：施晓平

访谈时间：2017 年 12 月 24 日

访谈地点：现代大道东港新村六组团 123 幢曹家

问：能否简要介绍一下您和平直小学的关系？

答：我 1940 年生于苏州，1959 年吴江师范毕业后先在双塔任教，1960 年
暑假调入平直，教中年级语文，先后担任大队辅导员、教导主任、副
校长、校长，直到 1995 年退休。其间除两年借在沧浪区教育局教研室

做教研员外，其余 33 年时间都在平直。

问：平直以前的历史您知道一些吗？

答：我入校前的情况不很了解。听一位叫杨家鹤的老教师生前说过，他是
1940 年到平直工作的，当时苏州被日寇占据，学生是要学日语的。后
来他到 1982 年左右退休，在校时间长达 40 多年，90 岁时去世。

问：您到平直的时候，学校的规模怎么样？

答：校园很小，班级也很少。当时是二轨制，平直这边教师只有 30 来个。
后来长洲路小学并入，学校才变成了三轨，再后来逐渐扩大到四轨，

现在则已经是五六轨了。

问：学校有附属幼儿园吗？

答：曾经有过。我到平直的时候，幼儿园已经因教室不够用，搬到吏舍弄去了。1966 年后大批小学停办附属幼儿园，沧浪区只有沧浪实小还保留。平直位于吏舍弄的幼儿园就关了，教师有的到小学部工作，有的下乡去了苏北。不久号召学生学工学农，吏舍弄幼儿园教室成为学工基地，1972 年成为平直的校办厂，后逐渐扩大上升为沧浪区文教局直属校办厂，收益上交区文教局。到 20 世纪 90 年代后期，平直又在北楼一楼办了一个工场，做纺织厂的花板。后来上级规定学校不办厂，于是这个小厂也关闭了。

1976 年后，平直曾恢复了一段时间的幼儿园，教师大部分是新派的青年教师，由一位姓侯的老教师负责。教室在北楼 2 楼，共 4 个教室，其中 2 个教室做小朋友活动室，另外 2 个是午睡室。1990 年燕家巷小学并入平直后，幼儿园就搬入燕家巷校区，到 1999 年幼儿园只有 1 个班 29 名小朋友，2 名教师，后来就停办了。

问：您在平直的 30 多年时间里，学校的校舍发生了怎样的变化？

答：我刚去的时候，昭忠祠已经改为大礼堂，这是一座三开间的大厅，外形类似于民居老房子，大门朝东。左边应该是落伽禅院（东侧）、节孝贞烈祠（西侧），右边是韦白二公祠（东侧）和总孝子祠（西侧）。其中，韦白二公祠祭祀唐朝的苏州刺史韦应物和白居易；总孝子祠、节孝贞烈祠分别祭祀苏州府属九个县的历代孝子、历代节孝贞烈妇女。
除昭忠祠作为礼堂外，其余祠宇的房子都用作教室或办公用房。
由于场地实在小，平直一直想扩大规模。所以 1971 年建造了一幢二层教学楼（就是上面提到的"北楼"），每层 4 间教室。1978 年又在二层教学楼南侧建造了一幢"Z"字形的楼房（1996 年经外立面改造，取名"启智楼"），其中东南侧作为办公楼，中间的"|"是走廊，西北面作为教学楼，每层 4 间教室，建造时学生临时借长洲路小学教室上课。后来二层教学楼西半部分房子拆除，腾出的场地做操场，东半部

分房子做传达室和校办厂。

我做校长的时候，上级提出了学校必须要有"六室一场"（音乐室、图书室、实验室、书法室、美术室、卫生室、体育场）的要求，平直的场地还是不够，如果不能解决问题，平直就只能做夜校了（当时苏州市职工业余夜校就办在平直）。

于是我们就想到征地。1995年的时候，学校西南侧、西侧地块被规划为住宅建设用地，我们知道后，就带着地图去找当时分管城建的副市长黄铭杰，讲述学校的实际困难。黄市长说要先调查和研究一下，后来同意将这块地给平直，于是动迁了地块上的糜姓、沈姓住户，用人民教育基金建造了一幢4层楼，建筑面积1256平方米，取名悦心楼（铭碑上写的是"苏州市平直中心小学综合楼"，落款时间是1996年2月）。这幢楼也呈"Z"字形，通过走廊跟启智楼相连。悦心楼南面每层有2间教室；北面是语音室、微机房等4间专用教室。厕所移建到悦心楼教室西侧、专用教室南侧。同时，启智楼的外立面进行了改造，变成现在的样子。

再后来进行第二步扩建，就是将泗井巷南侧龚国钧家的店面房及西侧的一个大院子一起动迁。腾出来的地本来想造室内游泳池，但因故没有建成，就临时做了室外操场。那时候，学生做操要穿越泗井巷。

学校北半部分本来想建造教学综合楼，但北面的商铺业主不同意，说会影响他们通风采光。所以教学综合楼后来就改建到了泗井巷南面，时间是在2004至2005年，建成后取名为陶趣楼，里面有体育馆、音乐室、美术室、科学室、舞蹈房、会议室、报告厅等。校园北半部分那幢残留一半的二层楼则拆除干净，连同西面的场地一起改建为塑胶跑道操场，一圈约120米。

问：体育是平直的特色项目，在场地紧张的时候，平直是怎么开展体育教学的？

答：一方面是每天都安排体育活动课，因地制宜开展一些体育活动，如课间操、跑步等；另一方面，平直离苏州市体育场比较近，在学校没有扩建前，曾有好几年，高年级的孩子都到市体育场上体育课。

问：平直的体育特色项目主要有哪些？

答：游泳和女子体操。1988年学校被命名为全国先进体育传统项目学校后，就开展这两个项目的学习了。一开始，参加这两个项目的学生都是苏州市少年体校选好的苗子，每届每个类别选10来个人，他们穿插在平直的各个班级，下午3点前一起参加学校安排的学习，3点后就去苏州市体育场参加训练，晚上教师会到体育场帮他们补语文、数学。

后来我们决定向所有学生普及游泳项目，天热的时候，每个星期安排学生上一次游泳课，每次2课时。虽然很担心安全问题，也怕孩子游泳后伤风感冒，但我们觉得，这样让多数孩子学会游泳，不但可以增强大家的体质，还可以让他们学会逃生技能，还是很值得的。

正因为体育抓得好，我们两次被评为江苏省体育传统学校先进集体。学校游泳代表队参加市小学生游泳比赛，10多年保持团体冠军的称号。1994年学校获苏州市"体教结合培养人才"奖，1997年8月获全国群众体育先进集体称号，1998年8月被命名为苏州市特色体育项目学校，并获市人民政府"江苏省十四届运动会突出贡献奖"。

问：虽然是体育特色学校，但平直的文化教育也抓得比较紧，这是为什么？又是怎么抓的？

答：平直附近有苏州市实小、沧浪实小，在这样的情况下，如果文化不抓紧，肯定是难以立足的。同时，学校也希望孩子不能只偏重体育，必须全面发展。因此，我们也十分注重文化教育。

在这一方面，我们坚持每个年级都由年级组长把关，青年教师由老教师一帮一师徒结对，一年级、二年级和毕业班精心挑选老师，为孩子养成良好学习习惯、牢固掌握知识打好基础。

问：您在做校长的时候，有没有其他印象深刻的大事？

答：我强调要开放办学。因此，1990年我们与山东省青岛市市南区贵州路小学、上海市南市区蓬莱路第二小学结成姐妹学校。1995年3月，又与日本琦玉县加须市市立通遭川小学建立友好交流关系，并在校内竖立石灯笼"金石契"。

问：对于平直的校训，您怎么看？

答：平直的校训，曾有一阶段改为"勤学苦练"，后来恢复为"心平志直"。是由"平直"这个校名衍化出"心平志直"这一独特的校园文化的，旨在引导全校师生追求朴素的情怀，拥有平和的心境，发展成长为内在高洁、外在质朴的人，强调清白、坦率地做人做事，不浮躁、不功利、不激进，为师生的幸福人生奠基。百年来，"平直"两字也深深地在人们心中沉淀，教师坚持抓好管理、服务，学生谨记"做文章前先做人"的先哲理想，读书立志，心存高远，"平直"已成为了学校的品牌和标志。

由于各方面抓得紧，所以长期以来，附近居民、苏医新村、信孚里等处的家长，都把孩子送到平直来读书。

问：在这样的理念培育下，平直涌现出的知名校友有哪些？

答：比如蒋雄达，1937年生，1949年在平直小学毕业，现在是中国海军歌舞团管弦乐队首席小提琴演奏家，享受国务院颁发的政府特殊津贴。

再如潘厚任，1937年生，平直小学1949届毕业生，从事太空科技工作40多年，参与我国首批箭载、星载太空探测仪的设计研制和卫星轨道计算，参加我国第一、第二颗人造卫星的总体设计和卫星系统规划的制定，是"东方红一号"卫星总体设计组副组长，退休前为中国科学院空间科学与应用总体部副主任兼载人航天工程应用系统副总指挥。

沈八中，1959年生，平直小学毕业生，美国博康公司资深科学家、技术副总监，2008年4月获得博康公司杰出工程师奖。

顾小杰，1959年生，平直小学毕业生，后毕业于南京大学。历任中国驻埃塞俄比亚大使、中国外交部办公厅副主任、中国驻尼日利亚大使兼驻西非国家经济共同体大使、中国驻澳大利亚悉尼总领事等职。

陈倩，1987年1月生于苏州，1999届平直小学毕业生，中国女子现代五项队队员，2009年在世锦赛取得历史性突破，成为中国首个女子现代五项世界冠军。

此外还有国际游泳比赛金、银牌得主糜彤、沈旦、朱铁，全国体操冠军宋珂等。

问：在平直 35 年，您觉得自己最大的收获是什么？

答：就是培养了众多孩子。他们也没有忘记我。1995 年我退休，次年 2 月，我突然感觉胸部疼痛，伴有低热，挂水后低热不退，只好住进苏大附一院。经钱海鑫医生做 CT、胃镜，发现胃部长了恶性肿瘤，开刀后在医院住了两个多月。这期间，平直的教师、毕业的学生纷纷前来探望，送来的鲜花源源不断，病友们都羡慕得不得了，这让我非常感动，也增加了我战胜病魔的信心。我想，虽然当个小学老师、校长，没有做出什么惊天动地的大事，但能够有这么多人惦记，我的人生已经没有遗憾了。

问：您对平直的未来有什么寄语？

答：我退休之后，平直已经换了四任校长。但不管是哪一任，他们都坚持立足平直的地域历史情况，尊重教育规律，夯实基础，优化结构，调整布局，提升内涵，促进教育全面协调可持续发展；坚持依法治教、科研兴校，以把学校建成具有实验性、示范性和可持续性发展特色的面向 21 世纪的现代新型学校；坚持以优质均衡的资源培养学生，构建全人教育的模式，以多元的评价规划学生发展，以塑造学生健全、和谐的人格；坚持改革，提高教育开放水平，全面形成与国家发展目标相适应的充满活力、富有效率、更加开放、有利于科学发展的教育体制机制。这些都做得很好。

我相信，在未来的时间里，平直能进一步挖掘厚实的校园人文历史，涌现出更多的优秀学子，为国家振兴贡献力量。

专访苏州市平直中心小学校 1956 届毕业生韩树俊

口述者：韩树俊

访录整理：施晓平

访谈时间：2017 年 12 月 30 日

访谈地点：苏州市姑苏区养育巷 99 号东泓创业园 6 号楼

问：请问您是什么时间段在平直读书的？

答：我于 1947 年进入平直读幼儿园（当时叫幼稚班）中班，1956 年 7 月
　　毕业，在平直整整读了 8 年书。

问：您是怎么会到平直读书的？

答：主要还是因为父亲到这所学校任教的关系。我 1944 年生于吴县横泾
　　镇，父亲叫韩昌福，师范学校毕业后回横泾教书，当过当地小学的校

长，1946 年被平直校长黄刚聘为国语和算术老师，同时兼任级任老师（即班主任），中华人民共和国成立初期担任过教导主任。就这样，我到平直读幼儿园，再读小学，直到毕业。

问：您到平直读书时，学校的建筑、设施布局是怎样的？

答：当时的平直校园很小，东面也是平桥直街，南面到泗井巷，西面比现在要向东一点，北面直抵一条小河，叫平直河（后来淤塞）。

校园可以分成南、中、北三部分。北部最东面是一排小房子，用作音乐教室、木匠间等，向西是前操场，再向西是大礼堂（其实是祠堂的大殿）；大礼堂西侧有后操场，上面有沙坑、竹竿，后操场东北角有体育用品室和幼稚园。

中部最东侧是校门和传达室，向西有一块纪念碑，那是民国十八年（1929）十月，平直小学校校友会为纪念平直成立 20 周年而立的；再向西有教室、图书馆、教师办公室，最西面是一幢二层楼，楼上楼下都有教室；二层楼的北面还有一座厕所。

南部是一排教室。

当时的办学规模不大，每个年级有 2—3 个班。

问：当时的办学条件怎么样？

答：那肯定是比较艰苦的，跟现在根本无法相比。当时资金紧张、物资紧缺，打铃靠校工陆叔叔用手摇铃解决。教室里，桌子是旧木头做的双人课桌；至于座位，三年级以上坐有靠背的小椅子，一、二年级坐的小板凳则是就地取材，用祠堂里的牌位做成：一块长一点的木板做凳面，两块短一点的木板与凳面垂直钉在一起，就成了凳脚。把凳面翻过来可以发现，有的牌位上的字还没刨去，都是"考妣某某某之位""先祖某某某灵位"之类的字，如果用手指去抹那字上满是灰尘的金粉，手指就会变得金不金、灰不灰，洗也洗不掉。

问：在思想教育上，当时主要强调什么？

答：首先是强调爱国，渗透在各项教学活动中，比如教唱"共产党好，共

产党好，共产党是人民的好领导……"，还教一首歌是"地主搭仔农民，到底啥人养活仔啥人"。

那时候，"政治思想"已成为评定学生操行品德不可或缺的一个方面。比如我1949学年度第二学期的成绩报告单上，出现了级任老师谈静钰写的"爱祖国"三个字；二年级成绩单品德状况栏专门辟出了"政治思想"一项，还是谈老师写的评语，第一学期写的是"热爱祖国，同情农民，拥护土改"，第二学期写的是"认识新中国的伟大可爱，敬爱志愿军"。三年级时级任老师姚培益在"政治思想"一栏里写的是"认识新中国的伟大可爱"（第一学期）和"热爱祖国有具体表现"（第二学期）；四年级级任老师杨家鹤写的是"敬爱领袖"（上学期）、"敬爱毛主席和共产党"（下学期）。

问：您对平直的教学模式有怎样的认识？

答：我觉得很开放，比较注重多方面发展。

比如老师让我们向报纸投稿。那还是我读二年级时的事，当时全校小朋友们省下了一些零用钱，捐给志愿军购买飞机大炮，教我语文的彭家敏老师就鼓励我和另一位华姓女同学一起写成文章，并帮我们投给了《新苏州报》。没几天，彭老师把我叫到办公室，拿出一封《新苏州报》寄来的信说："你看，报社回信了。"信上的意思是我们的稿件收到了，只是近期不再宣传捐飞机大炮这事了，所以不能用了，还让我继续为报社投稿。

再如读四年级时，学校推荐我到市少年宫（在苏州公园里）参加航模小组学习，从弹射飞机模型做起，一直做到有发动机的飞机模型（电池＋螺旋桨，可以飞较长时间），直到我读六年级。还有同学被推荐去少年宫参加朗诵、舞蹈、乐器小组学习的。

学校也注重锻炼孩子的能力，鼓励学生自己管理自己。比如我曾被学生会服务部聘为图书管理员，聘书我至今还保存着。在我六年级的时候，苏州市组织过一次小学生集体坐火车的体验活动。火车专列由苏州站开到望亭站，除火车司机外，乘客、管理员全部是小学生，我被聘为"客运值班长"，负责在候车室通向站台的地下通道里指挥小朋友们通过，维持纪律，保证安全。列车启动后，我和另一位佩戴列车长符号的少先队员一节节车厢来回走动，检查并维持列车秩序，也给有需要的小朋友们一点帮助。

问：当时老师管得严吗？

答：应该说是比较严的。当时的班主任称"级任老师"。到大礼堂参加活动时，如果孩子们吵吵嚷嚷，级任老师就会让他们安静下来，甚至用吹哨子来警告吵闹的学生。

我的父亲作为教导主任，管学生更严，孩子们给他起了个绰号叫"熨斗"。再吵再闹，只要一声"熨斗来哉"，全场就会奇迹般地鸦雀无声。

当然也有奖励机制，比如发给奖状，我至今还保存着一些。其中有小32开本的淡黄颜色的毛边纸奖状，学校刻钢板自己印制而成，使用的是三套色：底版上镂空的"奖状"二字是红色的，四周一圈饰以风铃或叶片的图案是紫色的；手书的文字用蓝色。奖状上还有朱红的校铃和校长的朱印。

还有进行物质奖励的。我二年级下学期获得年级第六名（全年级70人），奖到一张电影票，记得影片讲的是蚂蚁王国的故事。

优秀的学生还可以跳级，这是当时最大的奖励机制。记得读四年级上学期的时候，一位叫蒋林生的同学因为读书用功，成绩优异，学校就让他跳级去五年级了。

问：对平直哪位老师印象最深？

答：除了父亲，就是彭家敏老师了。应该说，彭老师是我的启蒙老师，教我的时候她刚刚从新苏师范毕业不久。她中等个儿，说话和蔼可亲，对学生要求很严格，课上得特别生动，同学们都喜欢听她的课。到五年级时，彭老师还是我的级任老师，六年级时就当教导主任了，后来在平直小学和沧浪实小当校领导，从沧浪实小副校长的岗位上退下来的。我至今还保留着她给我批改的作文本。中华人民共和国成立初期，一个年轻的语文老师能鼓励学生从现实生活中撷取题材，积极参与社会实践，为报社投稿，这对学生无论是思想认识还是写作技能的提高，都有不可估量的意义。

还有姚培益老师，当年她是一位年轻漂亮的教师，长波浪的烫发，脸上总是露着微笑，如今我还保留着60多年前她和我以及一位女同学的合影。重读姚老师在成绩报告单上给我写的评语，老师当年对学生的关爱之情让人心暖。

周席丰老师给我的印象也很深刻。当年他在苏州市体育界很有名气，退休后在老年体协仍有一席之地，是第一届（1979—1985）苏州虎丘老年长跑队的副队长。

问：当时学习是否紧张？

答：还可以。记得那时候上午上4节课，下午至多2节课就放学了。一天5—6节课中，有的还是活动课。所以当时我们玩的时间很多。

问：当时活动的项目有多少？

答：我们那时玩的花样那可太多啦，我的同桌、好友陆祖涵就整理出100多种，其中有使用玩具的活动，也有徒手的。

那时候物质匮乏，玩具大多是大家自己动手制作的。比如竹木制品有摇鼓咚（摇荡鼓）、飞机模型、竹蜻蜓、竹弓箭、水枪、竹制手摇机关枪、噼啪枪（湿纸当子弹）、七彩游戏棒、弹皮弓、木制积木、兔子灯、菱角等，纸制品有洋画（洋片）、纸三角、飞镖（纸箭）、鹞子（风筝）、降落伞、万花筒、不倒翁、虎脸子（面具）等，与动植物有关的有斗蟋蟀、养黄雀、粘知了、养叫哥哥、养蚕宝宝、凤仙花染指甲、玩梧桐子等。

游戏有徒手游戏，如抢三十、指五官、猜中指、玩手影等；有简单游戏、多人游戏，如练眼功（虱砖头）、滚铜板、打弹子、削水片、车铁箍、变戏法等，真是应有尽有。

问：您读书时平直的体育教育情况是怎样的？

答：记得我读幼儿园时，就看到体育老师周席丰带学生玩叠罗汉，下面4个学生，上面2个，再上面1个，叠得跟房顶一样高。

因为学校场地小，操场其实不过一个半篮球场那么大。周席丰老师科学组织，常常带领我们以"螺蛳钉"形来跑步，从一个点开始，以这位同学为中心，其他同学跟在后面绕着跑圈，圈子从小到大，最后整个队伍跑成一个大圆圈，全部人马统统有秩序地团在这个大圆圈里，这种跑法画一张路线图，就像一只"大蜗牛"。等到大圆圈形成，再让末尾那位同学转过身，以他为中心，全体人马转身向相反方向跑，不一会儿又绕出一只"大蜗牛"。周老师能同时指挥两支队伍各自跑出两只"大蜗牛"，让小小操场上跑步的人达到饱和状态，好几个班级的同学都一起参加进来。

当然也可以打乒乓球、羽毛球；但没有排球、篮球，只有小皮球，那要到大礼堂西面的后操场去踢。因为场地太小，最可怕的是一脚球就飞出了围墙，那得赶紧向东穿过大礼堂，冲出校门，经过平桥直街，拐个弯在现在十梓街的地方去找皮球。要是皮球正好滚到平直河里，那可就惨了。

问：您觉得平直的特色除体育外，还有其他的吗？

答：还有双语、日记教学，这是全面实施素质教育的体现。比如日记教学，师生共写日记，共作心灵的交流。

"每一天写的东西就是一颗珍珠，这颗珍珠可能并不是很圆润、很光亮，但是你把这一颗颗珍珠串起来，就是一串美丽的项链"（朱永新语）。可以说，百年以来，平直的日记教学、双语教学、体育教学，以至平直整个的教学，就是一串美丽的项链。我相信，平直未来的教学，将是一串更为璀璨、更为夺目的项链。

苏州市带城实验小学校

姜晋

　　苏州市带城实验小学校是座有着百年历史的老校。关于这座学校，曾就读此校的著名文史学者徐刚毅先生在对母校的深情回望中有这么一段话："带城小学自开创至今，已历百年，一直都坐落于凤凰街南面，带城桥东侧，与清代织造署旧址隔河相望，又与网师园比邻而居。一代名园，仅一墙之隔，仿佛就是学校的后花园。得益于此，在那些年代里，网师园曾向学校师生敞开过大门。亭台楼阁之间、池塘湖水侧畔，留下多少师生劳动实习、课余玩耍的身影。此情此景，已成为许多带城学子少年时代最美好的回忆。"

　　学校创办于清宣统二年（1910）正月，初名官立初等小学堂第二十五校，校址在十全街乌鹊桥弄五龙堂（龙王庙）。1912 年，改为苏州市立南区第六初等小学校，迁址十全街红板桥，位于带城桥与红板桥之间。当时全校仅招 1 班学生。1915 年，改名苏州市立南区第六国民学校。1923 年，改名苏州市立第十初级小学校。1927 年，改名吴县带城初级小学校。

　　1937 年抗日战争爆发，学校停办，至 1940 年复校。

1946 年改称吴县县立带城东吴中心国民学校。1947 年改称吴县东吴镇第二中心国民学校，设 6 个班，有学生 315 人，教职员工 9 人。1949 年，学校改名为苏州市立带城中心国民学校，校址门牌号为十全街 104 号。

1951 年 3 月 7 日，校名改为苏州市带城中心小学校。1957 年 8 月，相王弄小学并入带城小学。当时学校分为三院，中、高年级为一院，原相王弄小学为二院，幼儿园和低年级为三院。全校共有班级 16 个，学生 801 人，教职员工 27 人。1962 年秋，二院独立建制，其名称仍为相王弄小学校。1966 年后，学校一度改名为红卫小学，后恢复原名。1968 年，苏州寄宿制小学撤销后，将阔家头巷两处校舍拨给带城小学。1970 年阔家头巷民办小学和东风小学（即原相王弄小学）相继并入带城小学。

1972 年，苏州市政府批拨十全街 180 号、183 号两处国有土地，使原一院和二院两处校舍，得以贯通。

1985 年设 21 个班（含幼儿园 3 班），有学生 797 人，专职教师 44 人。

2010 年 8 月，沧浪区人民政府决定学校不再招生，当年招生的一年级和在校二年级全部并入平直实验小学，留下三年级至六年级继续在原校学习，至 2014 年 6 月最后一届学生毕业。同年 8 月原校舍归沧浪实验小学使用（南校区）。

2014 年，为了让百年老校的优良传统能薪火传承，姑苏区教体局抓住这一契机，将带城中心小学移地重建，同时更名为苏州市带城实验小学校，撤销沧浪实验小学东校区的建制。

2016 年 9 月，新校投入使用。新建的带城实验小学校位于莳门路 208 号，占地面积 1.53 万平方米，规模为 6 轨 36 班。

历任校长一览表（1910—2017）

任职时间	姓名	备注
1910—1911	孔昭晋	总理
1912—1916	赵元恺	
1916.8—1928	潘富年	
1928.2—1937	江镰	
1940—1942		

任职时间	姓名	备注
1946.2—1948.7	胡琴孙	
1948.8—1949.11	周耕庸	
1949.11—1950.8	王鼎元	
1950.8—1952.3	吴正方	
1952.3—1952.8	苏凤岐	
1952.8—1956.8	张人俊	
1956.8—1959.2	钱浣溱	
1959.2—1960.2	顾华英	副校长主持工作
1960.2—1960.8	钱浣溱	
1960.8—1965.8	张维贤	
1965.8—1978.7	周寿春	1968年后为校革委会主任
1978.8—1984.8	杜爱珍	
1984.8—1986.8	季丽南	
1986.8—1988.7	王华伦	
1988.7—1994.8	韩德华	
1994.8—2006.8	樊荣根	
2006.8—2010.8	吴杰	
2010.8—2014.8	倪建平	
2014.12—	张萍	

专访苏州市带城实验小学校校长张萍

口述者：张萍

访录整理：姜晋

访谈时间：2017 年 12 月 20 日

访谈地点：苏州市带城实验小学校

问：学校如今传承和发展教育事业的宗旨是什么？

答：2016 年，带城实验小学校秉持"带玉同行，协力成城"的办学理念，完成了新一轮的发展规划，明确了提升学校文化的内涵与品质，努力建设崇文尚德、特色鲜明的校园文化，打造"敬信乐为、气质高雅"的教师团队，培育"养正善思、充满自信"的阳光少年，共筑百年老校的品质之城。

问：如今带城实验小学的校园十分美观，且有浓郁的文化气息。请您谈谈
　　如此设计的想法与初衷是什么？

答：物质文化建设是校园文化建设的重要组成部分和重要的载体。我们通
　　过精心设计，把教育目的融进校园的每一个角落。

　　首先从整体上看，我们的校园由灰、白两色的苏式建筑构成，在现代
　　化的楼宇间，点缀着小桥流水、绿树翠竹，既有古典气质，又有现代
　　风貌，既有江南水乡风格，又有书院文化气息，学校教育深深地扎根
　　在苏式传统文化这一块基石上。

　　其次校园环境中的诸多细节，具有地方文化特质。入口处的"成长大
　　道"上铺筑少先队员十项标准的方砖，这不仅仅寓意从十全街上走出
　　的阳光少年，更是为孩子们的成长提出努力的方向。学校下沉展厅中
　　葑门风情横街的再现也为学生的学习和成长提供更加开放的空间。

第三，润物无声的校园环境还体现了学校的文化追求，与学校愿景有着密切的联系。我们整体设计理念以国学为底蕴，以弘扬中国传统文化为主调，以培养学生良好的行为习惯为切入口，立足引导学生学会做人、学会做事、学会学习，营造了高雅、清新的校园文化氛围。学校的一草一木、一砖一瓦都成为校园文化的载体。

教学楼上"乐学带城""论语经典"等精美主题浮雕将学校的办学追求与教育理想深深地刻在每位师生的记忆里；带城的校园是孩子自我展示的平台——一张张照片，充满阳光的"笑脸墙"，一幅幅彩画，异彩纷呈的"作品墙"贯穿各个楼道，是学校一道靓丽的风景；"节约用水从现在开始……"等文化的关怀与善意的提醒潜移默化地影响着每个学生。

问：听说你们学校十分注重教师的培养？

答：教师幸福是立校之本。增强教师幸福感的关键是培养教师良好的专业素养。人的最高需求，是人的自我实现需求，为此，学校通过校本教研培训、教学团队建设等活动，促进了教师的专业成长。学校聘请语、数、英三科的校外专家两周一次走进校园，带领教师研读教材，分析课堂教学得失，并请专家把先进的教学理念和方法及时地传授给老师，使校本培训上了一个新台阶。教师团队建设，除常规的教研组活动之外，带城实验小学还有自己的教学团队，在团队活动中骨干教师引领示范，青年教师交流学习，使团队的教学水平和团结精神一步步得到提高。

问：学校是学生成长的摇篮，同样对学生来说，你们也注重他们的幸福感吧？

答：当然，学生幸福，是育人之基。学校社团建设和活动是锤炼小学生品格的重要途径，是培养学生个性特长的有效方式。学校艺术社团聘请了南师大教授颜泩涛，开展音乐、话剧和舞蹈方面的兴趣培养，在姑苏区小学生艺术展演上舞蹈、大合唱、器乐演奏都取得了优异成绩，如今艺术社团已经成为带城实小的一张名片。我校还在 2017 年初，推出了"成美舞台"学生社团，在第一期活动中 23 名小同学或钢琴或吉他轮番上演，赢得了家长、老师和同学们的热烈掌声。之后我们又陆续在成美舞台举办了"我们是朗读者"的系列活动。在活动中，教师从适当放手到完全放开，让学生参与策划，集思广益，让学生参与组织，锻炼能力，让学生自己主持，提升气质。校园活动对于孩子成长的意义，不仅在于活动本身的价值，而且在于使学生以主人的身份享受参与、历练带来的快乐感和成就感，使他们在每次活动中不断改进、完善自我，呈现出蓬勃的生机和活力。

我校还在博艺楼的天台上开辟了小菜园，学校把每一方菜园交由一个班级进行管理，一个个小学生变身"小农民"，课余时间孩子们穿梭在菜地里，亲自去翻土挖坑，栽种浇水，除草施肥，学生们既亲近了自然，又亲近了校园，学校还邀请了种植经验丰富的家长来校参与指导，成为每个班级光荣的"绿意使者"。因为参与，所以快乐；因为参与，所以珍惜；因为参与，所以享受！

问：如今学校的班级数和师生数是多少？

答：学校现有 27 个班，学生 1077 人。学校在岗教职工 62 名，其中市名校长 1 人，市级学科带头人 2 人，区级学科带头人 16 人，市、区教育新秀新苗 14 人，优秀师资占比 53%。

问：贵校对学生的教育，最关注哪几个方面？

答：第一方面，我们始终把提升学生品格放在首位，重视优秀传统文化的传承、弘扬和创新，开发有生命力的特色课程。一至六年级学生的阳光游戏课程，让传统游戏回归儿童生活，让孩子身心和谐发展；二、四年级硬笔书法课程，培养学生的审美能力并陶冶情操；三、五年级国学经典诵读课程，使学生受到传统文化的熏陶。学校还编撰了校本教材《荇境》和《茭白荡》，有效地结合了我校荇溪的地理优势，让学生了解感受地域文化、传统习俗以及市井风情；我校的珠心算教学独具特色，老师以算盘为工具，引导学生掌握运算的规律和口诀，进行加减乘除的训练。第二方面，学校社团建设和活动是锤炼小学生品格的重要途径，是培养学生个性特长的有效方式。学校面对全体学生开设了评弹、合唱、舞蹈、剪纸、表演、田径、一踢两跳等艺体社团，还聘请校外专家进行指导，在市区各级各类比赛中取得了优异的成绩。第三方面，学校充分发挥班主任、德育主任、品德课教师、少先队辅导员、校外辅导员等在小学生品格提升工程中的骨干作用。我校通过"领雁计划"，聘请校外德育专家——惠桦老师参与学校德育活动，以"惠老师讲德育"为系列活动，每月一次向老师们宣讲德育教育有效方法和途径，让年轻教师受益匪浅。第四方面，为了构建有影响力的共育平台，使学校教育与家庭教育、社会教育形成合力，本学期，我校成功招募了 2017 学年的校级家委会成员，并在大家的努力下，积极筹建了各个班级的家委会组织。如今已经形成的校级、班级家委会组织网络，对学校教育管理和学校的发展起到巨大的推动作用。校级家委会成员为学校出谋划策，及时将家长们的意见反馈给学校，班级家委会成员调动广大学生家长的积极性，使他们主动参与到学校开展的各项活动中。

专访苏州市带城中心小学校 1966 届毕业生王苏光

口述者：王苏光
访录整理：姜晋
访谈时间：2017 年 11 月 12 日
访谈地点：苏州市带城实验小学校

问：您对学校和老师还有哪些印象？

答：我是 1964 年 5 月从南京转学到苏州带城中心小学读书的，直到 1966 年 7 月小学毕业。记得在上小学时，当时班上的一位年纪很大的数学老师上课时讲着一口地道的苏州方言，这对于我这个从未听过吴语的南京孩子来说，不亚于整天在听天书。我清楚地记得，课堂上我不止一次的举手向老师提意见："老师，我听不懂苏州话，请你讲普通

话。"可是那位老师也根本不会说普通话，勉强说了两句生硬的苏州普通话后，又回到她自己熟悉的语言中。结果是我的学习成绩直线下降，期中考试数学成绩不及格！暑假里，校长到家里找我父亲商量关于我读书的事，只记得校长说我的年纪还小，留一级对孩子有好处，又说过段时间很快就能熟悉苏州方言……就这样我成了一名"留级生"。尽管原因很多，但是这个阴影在我的心里留了很多年！

问：那后来怎样了？

答：后来在新的学期开始后，我也对这个学校，对苏州话，还有对新的班主任（记得她叫吴敦瑶，是一位军属）适应了许多，学习成绩就直线上升了。再后来，我当了学校少先队的大队委员，臂膀上挂着三条杠，成为同学们羡慕的对象，自己也感到格外光荣。那是个学雷锋的时代，雷锋的事迹、英雄的形象也深深地刻在我们幼小的心灵里。记

得每天放学后，我还经常带着同学到葑门桥边帮着拉板车的工人推车过桥（因那段路经过葑门是上坡），经常和我一起推车的是夏建龙同学。除了学习上明显进步，体育上的特长也逐渐显露。田径、足球、乒乓球都有很好的成绩，当时校园的操场很小，扔垒球时稍用点力就会扔到网师园里去。到了六年级时，学校里的"斗鸡"已经是没有对手了。在带城小学学习了两年多的时间，尽管时间不长，但对我以后人生产生了很大的影响，尤其是那段开始学习雷锋的日子，可以说影响了我的一生。

问：您在读小学时学校是否组织过一些郊游活动？
答：有的。印象最深的郊游是有一次学校组织我们步行去虎丘。途中安排了按照路标和方位行进、根据路标指示寻找隐藏物体等活动，印象特别深刻，受益匪浅。

问：您在小学最喜欢什么课？

答：我最喜欢的课应该是体育课吧，记得学校的操场很小，扔垒球时经常扔到隔壁的网师园里，结果经常能借此到网师园转一圈。

问：小学的教育对您今后的人生有些什么影响？

答：1966 年暑假从带城小学毕业，进入苏州市第八中学读书。而走进中学的同时，"停课闹革命"也开始了。一直到 1969 年初开始复课。所谓复课，也是学工、学农，经常被安排到苏州电瓷厂和龙桥大队去劳动，几乎没怎么上文化课。1969 年底部队开始在苏州征兵，我有幸应征入伍，成为一名光荣的解放军战士。在那个知识青年上山下乡的年代，我可以说是非常幸运的。在后来的日子里历任班长、排长、团、师、军司令部作战训练参谋。因完成任务出色，多次获得上级嘉奖，并荣立三等功一次。1990 年从部队转业到苏州大学工作，先后任苏州大学人武部军事教研室主任、苏州大学工会常务副主席、苏州大学文学院副院长、调研员、苏州大学凤凰传媒学院调研员等职务。目前，我已退休。人老了总喜欢回忆，回想带城小学的那段学习生活，孩童时学雷锋、做英雄的经历，激励了我的一生。后来，在部队里我曾多次从火海中救出老乡；转业回苏州后，也曾跳进河里救起落水的孩子；全力支援资助贫困山区的孩子……这都和在带城小学受到的培养和教育分不开。可以说，在带城小学受到的教育对我的人生发展起到了非常重要的作用。

苏州市山塘中心小学校

夏冰

　　苏州市山塘中心小学校位于山塘街，其前身为圣公会小学，创办于1912 年，起初校址在山塘街会馆弄内，主要招收粤籍子弟，因人数不足，兼收当地学龄儿童。后迁入山塘街通贵桥附近的岭南会馆内办学，设 4 个班。因兵乱停办。1926 年至 1927 年，香港大学文学士毛秉信在岭南会馆内开办维多书院，从事中小学教育。1930 年，安徽歙县人许廷扬（秋舫）创办私立惠群小学校，起初设在山塘街云外飘香店内，后迁入岭南会馆办学，并一度改名为万里镇立初级小学校。1947 年 4 月，私立惠群小学校在吴县教育局立案。1953 年改称私立山塘街小学。1956 年改为公办，改称苏州市山塘街小学。1957 年，世德小学并入。1958 年，三友小学并入。1960年正式改名为苏州市山塘中心小学校，沿用至今。1989 年，杨安浜小学并入。1994 年，山塘中心小学的课题研究成果《小学教学"引导自学"模式的探索》正式刊发，1997 年 2 月 13 日《中国教育报》作专题报道。2002 年，万里小学并入大德小学。2005 年，大德小学并入山塘中心小学。

　　山塘中心小学所在地山塘街 136 号岭南会馆底蕴深厚，为明万历年间广东商人创建。而位于山塘街 502 号郁家祠堂的大德小学,由郁沈懋萱女士创办于 1924 年,原名私立郁氏尚德小学。两校区合计占地面积约 7600 平方米,建筑面积 3700 平方米,存在着专用场室少、活动场地小、生均面积少、发展空间小等一系列问题。

2007 年,位于山塘街 508 号陕西会馆旧址的橡胶二厂进行"退二进三"调整。金阊区政府在深入调查研究的基础上,决定向工投公司收购橡胶二厂厂址,将此地用于建设山塘中心小学新校。

2009 年 6 月,山塘中心小学新校舍竣工。9 月 1 日,举行了隆重的新校落成典礼。新建的山塘中心小学,校园占地 10566 平方米,建筑面积 7101 平方米,为四轨制小学,可吸纳学生 1000 名左右。另有占地近 3000 平方米的运动场地和 700 多平方米的室内"风雨操场",藏书量达 2 万余册的图书馆,书法、美术、电脑等各类专用教室和校园电视台。同时,在本校毕业生、京剧演员王珮瑜的热情关心下成立了"珮瑜京剧社团",将京剧作为学校重点文化建设品牌,突显学校的特色艺术教育。在本校校友、书法家李少鹏的关心下,学校构建了"以教师为主导、学生为主体、练写为主线"的写字课教学模式,书法特色项目从无到有、稳步推进,先后获得"苏州市书法家协会教育基地""江苏省文联书画考级培训基地",被授予"苏州市艺术教育书画项目学校""苏州市特色文艺创作基地""百年老校保护与文化传承实验学校"等多项荣誉。学校还利用地处"中国历史文化名街"山塘街的独特优势,编写乡土教材,组织学生开展写山塘、说山塘、画山塘、唱山塘等各种形式的活动,学校知名度、美誉度因此逐步提升。2009 年,学校被评为"苏州市十佳园林式单位"。2011 年 11 月 26 日,教育部基础教育工作会议在苏州召开,山塘中心小学被列为参观点之一。

校名沿革一览表

年份	校名
1912	圣公会小学
1915	圣公会小学
	圣公会女小学

续表

年份	校名
1926—1927	维多书院
1930—1934	私立惠群小学校
1934—1942	万里镇立初级小学校
1943	私立惠群小学校
1944	北濠小学
1945	私立惠群小学校
1953	私立山塘街小学
1956	苏州市山塘街小学校
1960	苏州市山塘中心小学校

历任校长一览表（1912—2017）

任职年份	姓名	备注
1912		待考
1915	石晋荣	
	贝小姐	
1926—1927	毛秉信	
1930—1951	许廷扬	
1951—1953	邹士菁	
1953—1960	祁调梅	
1960—1961	陈启昌	
1962	徐惠霞	副校长主持工作
1962—1968	孙懿	
1968—1973	吴锡根	校革委会主任
1973—1976	郑青云	校革委会主任
1976—1979	金顺芳	1978年前为校革委会主任
1979—1984	陈燕绿	
1984—1989	瞿慈贞	
1989—2000	冯振华	
2000—2004	汪丽	
2004—2009	蔡蓉蓉	
2009—	周利人	

1949年万里小学师生合影

1955年参加江苏省行政干校训练班的校长们合影于
玄武湖畔，后排右一为孙懿

山塘街小学校长祁调梅

专访苏州市山塘中心小学校原教导主任王德元

口述者：王德元
访录整理：夏冰
访谈时间：2018 年 3 月 24 日
访谈地点：苏州市莳门路 150 号王家

问：您是哪一年出生的？哪里人？

答：我生于 1934 年，是周庄人。

问：那您是如何到苏州来工作的？

答：那是 1952 年，大概是 3 月份，苏州市教育局因缺乏师资，准备开办初等教育短期师资训练班，在招生。我和我的姐姐就从周庄来苏州参加笔试，笔试结束，我们就回去了。当时通讯不发达，人不在苏州，无从得知笔试结果，于是请父亲的朋友代为关注。当得知我和我姐姐笔试都通过了，但次日就要参加面试，情急之下，我父亲的朋友就马上在葑门租了一条小网船，一路摇到周庄接我们，我们姐弟俩连夜赶到苏州，终于按时参加面试，并最终被录取。师训班就开办在盘门新苏师范学校那里，大概是 6 月份开始读，读了 3 个月，到了 9 月份派工作，我被派在大德小学，同学陈启昌被派在万里小学，这两个学校都属于虎丘辅导区的。就这样，我和我姐姐王志新都来苏州工作了。我姐姐是虎丘中心小学退休的。

问：那后来呢？

答：1956 年 8 月，我调到星群小学担任校长。1960 年，我又调至虎丘中心小学担任教导主任。我到虎丘中心小学的时候，陈启昌已先期担任虎丘中心小学的校长了。

问：那什么时候去山塘中心小学的呢？

答：大概就是 1960 年，山塘街小学要升为中心小学，于是把虎丘中心小学校长陈启昌、教导主任的我、一位体育老师、一位工友一起调至山塘街小学，于是山塘街小学成为山塘中心小学。陈启昌是山塘中心小学的校长，我是山塘中心小学的教导主任。我们在虎丘中心小学的时候，学校属金阊区管的，我们离开后，虎丘中心小学就划归郊区管理了。

问：陈启昌去山塘中心小学任校长，那前任校长去哪了？

答：前任校长祁调梅、副校长缪菊芬，都调到金阊区的其他学校去了。

问：您在山塘中心小学工作了多久？

答：时间不长，也就一年吧，1962 年我就调任区教研员了。1963 年 8 月，我到桃坞中心小学担任教导主任。1981 年任桃坞中心小学副校长，1983 年升任校长。1995 年在金阊区教研室退休。

专访苏州私立惠群小学校 1944 届毕业生华丽芬

口述者：华丽芬
访录整理：夏冰
访谈时间：2018 年 3 月 19 日
访谈地点：苏州市景德路慈敬阁老年公寓

问：您小时候住在哪里？

答：我小时候住在山塘街，靠近新民桥那里，我父亲在那里开了一家裱画店。祖上是无锡荡口人，我祖父就来苏州开裱画店了，我父亲就出生在苏州，后来子承父业。

问：裱画店是什么招牌？

答：绮云阁。

问：裱画店开到什么时候？

答：1948 年底，隔壁的炮仗店失火，我家的裱画店被殃及，房子被烧毁，只能关门歇业。全家租住在潭子里。

问：您小时候在哪里读的小学？

答：我就在山塘街私立惠群小学读的，那是抗战的时候，学校就办在岭南会馆里面。

问：就读小学大概是什么时候？当时校长是谁？

答：我 1930 年生，9 岁读的小学，大概是 1938 年吧，读到 1944 年小学毕业。惠群小学校长是安徽人许廷扬，住在殳家墙门的。

问：您对小学时的老师还有什么印象？

答：我记得我的班主任是沈璧君，是位女教师，她教我们语文的。

问：您与小学同学还有联系么？

答：有啊，我的同班同学韩玉清、宋桂珍、张静兰，她们以前都住山塘街的，现在还经常碰头。

问：您小学毕业后升入什么中学？

答：升入高井头的河清中学。

问：初中毕业后呢？

答：初中毕业后，遭遇家中失火，经济不行了，惠群小学校长许廷扬也算是山塘街上的绅士，看到这情形，就照顾我家，让我到惠群小学教书了。1949 年 2 月，我 19 岁，就进入惠群小学教书了。

问：你进入小学教什么呢？

答：教语文，做班主任。进去就带一个班，从幼儿园带起，一直带到这个班的学生小学毕业。那时候年纪轻，要求进步，还入了团。大概 1953 年创建了学校的少先队，我担任大队辅导员。

问：许廷扬担任校长到什么时候？

答：1951 年"镇反"的时候，许校长被关进去了，就不担任校长了。

问：那谁继任校长呢？

答：在教师中推荐校长，于是先由邹士菁担任校长，时间不长，后来由祁调梅接任校长。祁调梅身体好，后来活到95岁，在上海儿子家去世的。

问：惠群小学后来变为公办的山塘街小学，您在山塘小学工作了多久？

答：我在山塘小学就待到所带的那个班级毕业那年，那是1956年，我由于历史清白，被抽调到市里去参加"肃反""审干"的工作，还加入了中国共产党。

问：您教的第一批学生现在还有联系么？

答：现在路上还能碰到，比如赵雪萍的兄弟赵天尧，还有夏家珍，都住在北濠弄的。

问：那您参加"肃反"与"审干"的工作到什么时候？

答：在1959年的时候，"肃反"与"审干"的工作结束，我又回到了学校，在湖田小学当教师。

问：您先后在哪些学校工作过？

答：我先后担任过南新路小学、东中市小学、留园小学、公益小学、延安小学、万里小学的校长。延安小学就是原来的星群小学，在第三人民医院的对面。万里小学就在清洁路。我家当时住在八字桥，离这两所小学都很近。我担任校长后，开会就多了，课就上得少了。

问：您在东中市小学的经历还记得吗？

答：我记得是接的濮秀雲校长的班，当时学校有一位姓夏的女教导很有威望，副校长是徐素娥，大队辅导员是张介卫。但是我在东中市小学任职时间不长，一年吧。

问：您在留园小学的经历还记得吗？

答：我1963年到留园小学，是接的赵本立校长的班，赵校长任期很短，就一个学期吧。赵校长的前任校长是陆雨芳。留园小学办在大仙殿内，是老的公校，1949 年前就是公办的，不像惠群、星群小学都是私立小学经政府接收后才变为公办小学的。我在留园小学当了十年校长。留园小学后来撤销了，并入了营坊场中心小学。

专访苏州市山塘中心小学校 1981 届毕业生袁洁

口述者：袁洁
访录整理：夏冰
访谈时间：2018 年 3 月 21 日
访谈地点：苏州市平川路 510 号 2 号楼

问：您当时家住哪里？是不是就近读的小学？

答：我家住北濠弄 68 号，当时是第三人民医院的职工宿舍区，就近读的小学，大院的小孩都在山塘中心小学读书。

问：您是哪一年进山塘中心小学学习的，哪一年毕业？

答：我是 1977 年由桃坞中心小学转学进入山塘中心小学学习，当时是读二年级，1981 年小学毕业。

问：您在学校时，班主任是哪位？留给您怎样的记忆？

答：我记得当时的班主任是一位教语文课的女老师叫王淑英，年龄 40 岁左右，不戴眼镜，平时对我们和蔼，教学认真，对待调皮同学有点无计可施，王老师一直带到我们小学毕业。

问：在学校时，是否有印象深刻或难忘的事？

答：当时在校时学习成绩较好，除了体育，一直担任学校升旗手到毕业；去金闾少年宫参加了书法培训，所以字写得好，承包了班级和学校大门口黑板报的出版任务。有一次植树节，老师在校园挖坑植树，一个老师挖到下面有青石板，我当时就想下面会不会有宝藏。

问：小学时您最喜欢的课程是哪几门？
答：数学、语文、美术、音乐等。记得音乐老师是个钢琴弹得很好的小伙子，上课给我们讲福尔摩斯的故事，我们都很喜欢。到了高年级我数学一直是年级第一，所以数学课很喜欢上，张老师也很喜欢我。

问：小学是人生的启蒙阶段，也是人生成长期，给您人生带来的收获有哪些？
答：小学阶段给我后来的学习打下了很好的基础，例如养成良好的学习习惯，尊敬师长，团结同学，拥有较好的性格、品行。

江苏省新苏师范学校附属小学校

张伟应

　　江苏省新苏师范学校附属小学校的前身，是始建于 1913 年 10 月的江苏省立第二女子师范附属小学校，由二女师校长杨达权创办，首任主事（校长）杨卫玉（鄂联）。最初校址新桥巷，借民房为校舍（积谷仓的库房，30 余间）。办学翌年迁至胥门小仓口农校旧舍至今，虽屡有扩改建，而地点不变。

　　1926 年，学校有教师 23 人。设立低级部（包括幼稚园）、中级部和高级部。三部共 12 个年级，各年级分别以"芹、芸、英、莊（庄）、萃""萱、華（华）"（中级部为复式班）和"蕙、蔼、蕴、蘅、蘇（苏）"命名。学生数量超过 260 人。20 世纪二三十年代，学校还以定时的恳亲会、游艺会、运动会，以及平时的家庭访问等方式，加强与家长的联络、沟通。学校出版《小弟弟儿歌》《扑满童话》《好市民》《低级设计教学实验报告》等书刊。教师黄寰清、蒋品珍合编《单级教学法》、校长吴增芥与其父吴研因合著《小学教材研究》，均公开出版。

　　1927 年 8 月至 1932 年 7 月，学校名称数次变更。1932 年 7 月，随着江苏省立苏州女子师范学校的独立设置，定名为江苏省立苏州女子师范学校附属小学校，至 1949 年 11 月。

学校开办至 1933 年，校舍逐步增建，校园面积有 30 亩余，其中校舍 66 间约占三分之一，另为广场、花园、运动场等。校内设施包括大会堂 1 所、普通教室 13 间、特别教室 4 间、图书室 1 间、儿童自治活动处 3 个、科学实验馆 1 间、科学试验场 1 片，以及农业试验场 9 块和动物试验场 1 所。图书有老师用书 4270 册、儿童图书 2419 册。

1937 年 11 月，日军占领苏州后，学校停办。1945 年 10 月，成立复校委员会，接收了日据期间被用作隔离病院的校舍，12 月申请复校。校长一度由苏女师校长俞钰兼任，后由范毓秀接任。

1949 年 12 月后，校名更改。1953 年定名为江苏省新苏师范附属小学。1968 年，江苏省新苏师范学校停办，学校更名，归属红旗（沧浪）区管理，附设幼儿园停办。1982 年，新苏师范学校恢复校名、迁回原址，学校复名为江苏省新苏师范附属小学，归属苏州市教育局管理，至今。

1957 年 8 月，相邻的盘新小学并入。遂有小学部 16 个班，幼儿园 5 个班。20 世纪五六十年代有复式教育试点。

20 世纪 80 年代中期，有小学部 16 个班，幼儿园 3 个班，学生总数约 800 人，教师 30 余人。并设有弱智儿童教学试点班。学校以提高教育质量为主体，以校内课外活动、社会活动为助翼，开展班级活动、周末活动等，设立了 10 多个兴趣小组，在各种科技文体活动、课外阅读、智力竞赛、参观访问、社会调查、小发明小制作中，培养和锻炼学生。同时建立健全家长委员会、支持教育委员会和家庭教育辅导中心，借助家长和社会力量。1992 年，增至 24 个班、千余学生。

20 世纪 90 年代中后期，开展新课程实验，参加中德合作的劳技教育项目，中央教科所五年制课程教改实验以及"中国中小学绿色教育行动"项目等。2007 年后，开展"促进小学生阳光素养发展评价"达标评定目标管理，形成"阳光学生"四方面标志和评定办法。

2015 年，加入"中国未来学校创新示范学校"项目，开展未来学校创新的实验研究。因吉庆街小仓口校区重建的需要，2015 年暑假学校搬迁至新市路 220 号原田家炳高中校址过渡，9 月开始在新市路上课。2017 年，小学（暂址新市路 220 号）有 30 个教育班，1265 名学生、93 名教职工；附设幼儿园(位于吴中区圣陶路 32 号)有 8 个班，235 名学生、20 名教职工。正在建设中的小仓口校区，规划面积 72 亩，将成为新的"一校两园"——江苏省新苏师范附属小学校，附设幼儿园和丰仓遗址教育园。

校名沿革一览表

时间	校名
1913.10—1927.8	江苏省立第二女子师范学校附属小学校
1927.9—1929.9	国立第四中山大学区（中央大学区）苏州女子中学实验小学校
1929.9—1932.7	江苏省立苏州女子中学实验小学校
1932.7—1937.10	江苏省立苏州女子师范学校附属小学
1945.12—1949.11	江苏省立苏州女子师范学校附属小学
1949.12—1953.6	苏南新苏师范学校附属小学校
1953.6—1968.9	江苏省新苏师范学校附属小学校
1968.9—1973.1	苏州市红旗区延安南路街道抗大小学
1973.2—1978.7	苏州市新苏小学
1978.7—1982.1	苏州市新苏中心小学校
1982.1—	江苏省新苏师范学校附属小学校

历任校长一览表（1913—2017）

任职时间	姓名	备注
1913—1927	杨卫玉	主事
	顾谷绥	
	周尚志	
1927.8—1928.7	李邦和	
1928.7—1930.7	田隆仪	
1930.7—1933.7	陈定秀	
1933.8—1937.10	吴增芥	苏女师教务长兼任
1945.12—1946.8	费锡胤	筹备主任

续表

任职时间	姓名	备注
1946.8—1947.2	俞钰	苏女师校长兼任
1947.2—1952.7	范毓秀	
1952.8—1955.5	吴凤仪	副主任
1955.6—1968.3		主任
1968.3—1968.10	陆昊明	校革委会副主任
1968.10—1970.8	朱燕琛	校革委会主任
1970.9—1971.9	吴雁南	校革委会副主任
1971.9—1972.12	毛芳仪	
1973.1—1974.2	张维贤	校革委会主任
1974.2—1978.7	俞玉英	
1978.8—1980.10	吴凤仪	
1980.10—1981.7	蔡之牧	
1981.7—1982.2	韦璧英	副校长主持工作
1982.2—1989.7	周寿春	
1989.7—1995.8	王公良	新苏师范副校长兼
1995.8—1997.7	吴云霞	
1997.8—	陶六一	

专访新苏师范学校附属小学校 1951 届毕业生孙炳生

口述者：孙炳生
访录整理：张伟应
访谈时间：2018 年 2 月 1 日
访谈地点：苏州市装驾桥巷打线里孙家

问：您是什么时候在新苏师范附属小学（以下简称附小）就读的？

答：我于 1948 年被推荐并通过考试，作为三年级下学期的插班生进入苏女师附小就读，之前我读了两年半的苏女师夜校（校长是范寿玲）。再之前，我曾读过一年吴县私立启群小学（地址在盘门放生池南，现盘门三景内）。1951 年 7 月我从新苏师范附小毕业。

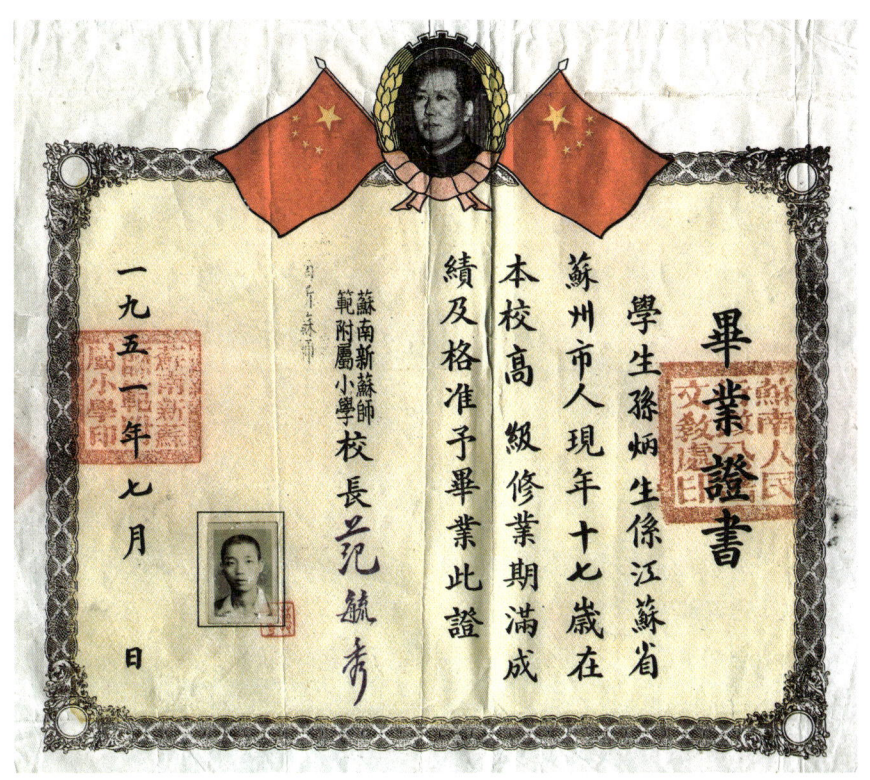

畢業證書

學生孫炳生係江蘇省蘇州市人現年十七歲在本校高級修業期滿成績及格准予畢業此證

蘇南新蘇師範附屬小學校長范毓秀

一九五一年七月 日

孙炳生小学毕业证

问：您那时就住在学校附近吗？

答：是的，住在吉庆街的大仓口和小仓口之间，偏南一点，离小仓口（校址）很近。

问：请介绍一下您在附小就读的情况？

答：我入学第一年的班主任是陈锡英老师，四年级上、下学期的班主任分别是乔永安、冯筠老师，翟准老师是五年级班主任，冯老师还是我六年级的班主任。陈老师、冯老师上课都很严格，班级数学竞赛，陈老师出了题，赛完还要给大家订正。郑中一老师做过我们的大队辅导员。不少老师都住校。

我们的课程有国语、算术、常识、音乐等，我算术较好一些。还有我在班级中年龄属于较大的，有劳动的事自己主动多做些，所以得过劳动奖励。如1950年开垦荒地、种菜、种蚕豆，老师也多会叫我（带头）。还在大礼堂组织过丰收活动，用蚕豆摆成两个大字，其他的蚕豆装在好几只麻袋里，非常开心。收获了青菜什么的卖给附近的居民或家长。卖掉后的钱，老师再赞助了一些钱，给少先队乐队添置了洋铜鼓等乐器。

小学毕业后，哥哥介绍我去车坊做学徒了，我便到学校向老师告辞。范毓秀老师劝我继续升学，教导主任顾子言（志贤）帮我查到苏南苏州中学初中部还在报名。当时我对报名需要的证件照片、费用等表示为难，范老师请人将原来用于毕业证的照片先供我使用，还给了我2万元（旧币制）报名费。当天下午报名后，我第二天就参加考试，结果录取了。但我家里还是困难，（初中）学费一时付不出，仍是范老师做了我的担保人，之后学校允许我分期付款。

问：您后来的工作生活经历如何？

答：我1954年初中毕业后，由胥江街道安排参加了苏州市劳动局的技术培训班（汽轮机专业），培训了10个月进入苏州电气公司发电厂（地址在胥门枣市街）工作。1964年我到科室当总支干事。后来，我是从苏州供电局组织科岗位上退休的。还留用了4年，管理老干部活动室。

问：附小当时的同学，你们还有往来吗？

答：有的。我们小学毕业10周年有过聚会，之后也有。当时我们一个班级有50人，参加聚会的一般有20人左右。同学叶俊生、朱家祥后来都是华东师范大学的教授，唐本立读了哈工大，后在苏州振荡器厂当副总，李明孚读过徐州海洋学院，当过吴江水产局局长，王友庆当老师。聚会的照片都是汪文理负责的。2015 年小学同学碰头还去过学校。

问：附小读书对您影响最大的是什么？

答：影响最大的，还是做人的道理，附小大礼堂的讲台后写着"能说能行"
　　的标语。老师的一言一行，他们上课严肃、下课对学生很亲切。校长、
　　老师对我们的关心帮助，我们不能忘记。我们对老师的尊重、对小学
　　的一份感情，也一直在。

专访江苏省新苏师范附属小学校退休教师戴梅珍

口述者：戴梅珍
访录整理：张伟应
访谈时间：2018 年 2 月 2 日
访谈地点：苏州市新市路 220 号附小办公室

问：请先介绍一下您在江苏省新苏师范附属小学（以下简称附小）任教的
　　前后情况。

答：我毕业实习就在附小，1963 年毕业时师范校长张树谷找我谈话后，就
　　分配到附小当老师。我主要是教中、高年级的语文课，也当班主任。
　　直到 2001 年，我从附小退休。

问：您在校的这段时间，学校有什么变化？

答：校址没变，但校名有变化，有一阶段是属于区的。

问：您在附小任教 30 多年，教过的年级、班级，一定很多吧？

答：我在附小的教龄，虚的要 39 年。早先附小以"勤班""奋班""进班""智
　　班"等命名班级。刚到学校时，让我教复式班。我与副教导主任陈锡
　　英搭班，她教数学，我教语文，她给我很多指点。这个班教了两年，
　　后因"文革"而停止。"文革"中我们学校停过课，但比别的学校要晚。

比较正常后恢复上课，我教高年级语文。后来我自己希望教一次"大循环"（从小学一年级教到六年级毕业），刚教到二年级上学期，教育局来听课，说戴老师一直教高年级的，怎么现在教二年级了？要我再教高年级。结果没有教完这个周期。之后我有过"中循环"教学，即从三年级教到六年级，也曾教中年级的数学、音乐、体育等，但主要是教五、六年级的语文。我一直在教学一线，直到退休。退休前两年，因身体情况才不当正班主任。

问：当时附小的主要生源是哪些？您要经常家访吗？
答：学生主要是住在附近的孩子，有住新桥巷、吉庆街、小教场、侍其巷、伍子胥弄等。后来也有乐村以及吴县新村的学生。"文革"中百花洲也是招生地段。

　　每新接一个班级，我都要普访，以后也经常要家访。因为学生相互住得近，一次可以走几家。

问：一个年级有几个班级？班级人数？
答：平行 3 个班级。每班 40 多个学生。

问：采用什么教材？
答：语文课先是用全国教材，后改江苏省教材。省编的教材，也一直有变化。吴云霞当校长时与中央教科所有联系，想要改换教材，但因她调走就没有实行。

问：您是怎样备课的？是否有教研活动、在职培训以及进修？
答：主要是个人备课，到区后上公开课，也会将备课的教案让大家提意见。还有一次，将同一篇课文，分成三个课时，由三位老师来上课，那就要集体备课了，那也是上公开课。

　　学校有分课程、按平行班开展的教研活动，但在职培训以及进修机会就不太多了。

问：公开课是怎样上的？

答：在区里时，有几次对区属的其他学校上公开课，还有为师范生上公开课，那就要到大礼堂。也有一些校内的公开课，那就在班级上。附小强调教师练内功，与外界交流不多。

问：语文课的课程要求有哪些？您如何在教学中体现？

答：语文课，从字、词、句、段、篇，循序渐进，不同年级有不同要求，但又相互连贯、衔接，我们要把握好所教这个年级应有的尺度。譬如说句，低年级是说、写完整的句子；中年级也讲句，但要涉及修辞，要从认识、欣赏再到模仿。再譬如说段，段是由句组成的，但组成的形式又是多种多样，有以事情的进程来排列，有的先总体再围绕其展开。篇也一样。其中值得钻研的内容相当多。教中、高年级时，我也会去看低年级的教材、教参。

我教复式班时还年轻，当时没有什么参考书，只是听过实小李凤燕老师的一次课。这种教学方式让我必须静心钻研教材，备课时要注意突出重点难点、教材（内容）的动静搭配，作业设计方面也要用心，还要选好学生中的"小助手"。陈老师也带我。我们班是三、四年级复式教学，年级统考成绩与普通班不相上下。这个经历给我的启发是，老师不用多讲，关键是吃透教材、把握教材，让学生多练习。

教导主任李方，他对我的教学也很有促进、帮助。他来听课，从来不打招呼。有时到课堂没看见他，心里暗暗松口气，但半当中他从后门进教室了。这使得我每课都认真准备。有次他提示，语文课要"书声琅琅"。我就考虑，怎样才能做到。后来我结合课文内容，以读代讲，用默读、重点段落读、听读等方式来体现这一意图。如《火烧云》一课，我让学生提前观察早、晚的云彩，课堂教学即以带着表情领读的方式，让学生在听读中结合观察领会课文的描写，既有画面的美感，也引导学生体会如何遣词造句、描写景物。

语文教学要"文以载道"，在学习语言、文字的同时，让学生得到美的熏陶，像大自然的美，人物的心灵美等。教学是要积累经验的工作，40岁以后我感到比较得心应手了。

问：学生对实际教育效果有过反馈吗？

答：电脑普遍使用后，好多20世纪70年代初附小毕业的学生对我说过，他们对拼音没觉得有障碍。我在带"中循环"时，虽然拼音是低年级的课程，但三年级要强化，以后也要"补差"（比较薄弱的学生）。因为小学语文是工具课，为学好其他学科、以后工作打基础的，所以要学得扎实。

问：学校中有其他比较突出的、有影响的教师吗？

答：潘海伦老师也是教高年级语文的，我女儿还读过她的班级。她对学生的要求严格、规范，把学生训练得很扎实，学生作业整洁、秩序井然，在校内一直受关注和仿效。朱慧珍老师是低年级语文老师，她对学生教育、说理很耐心，她在指导学生书写时的"反书空"（镜像法书写）也训练有素。两人的课都上得相当好。

问：您觉得附小的特点或特色是什么？

答：教师互助团结，大家多是新苏师范的前后校友。我们的观点，一直是面向全体学生，教师都认真，认真备课，认真上课，认真批改作业，认真辅导，认真小结。

问：您最怀念的在校经历有哪些？

答：学生的实践活动多，如有红领巾气象站、红领巾养殖场（虽只养几只兔子或一两只小羊之类的）、红领巾合唱队等。一度还开辟小农场，每班有地，种青菜等，垦地、浇水主要是老师，学生辅助。开门办学时，会去三香那边的农田拾稻穗、拔油菜，冬天拔麦苗、送肥料。五、六年级的同学，由老师带了打扫学校厕所。暑期举办营火晚会，同学们野营就睡在教室的课桌上，还在到虎丘的途中挖"地雷"、捉"特务"等，最后在虎丘的后山野炊。这些活动中，老师虽然辛苦，对小朋友却很有益处，可以培养他们的劳动观念、集体精神。

另外，我们的团活动也丰富多彩。周末到工厂去扎钢筋劳动，到附近农村劳动，去园林茶室服务，在学校内搞卫生"消灭死角"，架梯上梁擦灰尘，帮助年龄稍长的教师做家务，成立教师乒乓队，与学生一起开展篮球赛，还有体育老师张五成指导学生做航模。40 多位教师中，多半是青年教师，并且大家都是新苏师范的校友，相互关系融洽。至今我们还有交往。

专访江苏省新苏师范附属小学校 1992 届毕业生张婷

口述者：张婷
访录整理：张伟应
访谈时间：2018 年 2 月 4 日
访谈地点：苏州工业园区苏州大道诺富特酒店

问：您是如何进入江苏省新苏师范附属小学（以下简称附小）就读的？

答：我家住东大街，大班就在附小幼儿园的。1986 年进附小读书，其间也去考过市实小（苏州市实验小学），没有考上。直到 1992 年毕业，我在附小一共读了 7 年。

问：小学这段时间，您印象深刻的记忆有哪些？

答：我一年级的班主任是芮虹老师，她教语文。二年级时芮老师教我们数学了，她担任了学校少先队大队辅导员。三年级以后的班主任一直是沈婉英老师，她是语文老师。我们 2 班是她退休前的最后一届学生，她对我们很严格，也倾注了很多心血。孙其立老师教我们数学，她教学严谨。

当时同学们住得都比较近，放学时大家排着队一起回家。我脖子上挂了家里的钥匙，都是自己到家，自己做功课。

很多习惯都是学校培养的。父母对我要求也高，但他们忙于工作，应当是身教多于言教吧。

问：您在附小就读时，除了完成学业，还参加了很多课外活动？

答：是的。进校不久，老师就让我参加合唱队，稍后还让我当指挥。我就在严冰老师（音乐老师）指导下，组织排练。当我们参加苏州市级比赛时，老师仔细挑选演出服，有些饰花掉了还亲手缝上。大家整齐漂亮地上场，得了奖同学老师都高兴得很。另外我还参加了鼓号队、田径队。一开始我在鼓号队演奏三角铃，后来也让我担任指挥了。我们的合唱队、鼓号队都得过全市范围比赛的第一名呢。

因为曾邀请苏高中的徐乐老师来指导过，所以我考进苏高中后还是做鼓号队、合唱队的指挥，直到高二。当指挥让我的领悟力、观察力、专注性都得到很好的训练，自信心、领导力也有提高。小学时的学习轻松，便有较多时间参与课外活动。

问：您觉得附小哪位老师对您影响很大？

答：班主任沈老师，在临毕业前鼓励我去考苏高中特招的初中班。当时，我们的英语学习从四年级开始，没有加码训练。沈老师特意找到自己教英语的同学，给我们每天补习一小时。她自己给我们补语文，也是每天一小时。我还每天早上 5 点起床，朗读一小时英语。这样突击强化了一个月，那是我小学阶段读书最投入、最认真刻苦的一个月。

临考时，沈老师比我们参加考试的学生还要紧张。附小一共有十来人去考试，我们班是 5 个人，结果我和同班另一个同学考取了。我进了全市招生 90 名的苏高中两个初中班之一，也在 2 班。后来我又直升进入苏高中的国际班。

沈老师将我们班视为她毕生教学工作的"收官"之作，对我们学生倾心尽力，真是到了最大程度，并且丝毫不计较回报，对我们根本没有收费一说。她去年病逝之前，我们同学还去探望过她。

问：还有什么小学时的经历，影响到您后来的人生？

答：在 1990 年，我参加过一次班级的主题活动"2000 年的我"，同学们相继上台，畅谈理想，我的理想是当个"外交官"。高考选专业时，我选了北京外国语学院英语专业，这与早先的想法不无关系。

小学时，我参加过沧浪区少年宫的故事比赛，毕业会演上了开明剧院的大舞台，在校时参加兴趣小组、课外活动、运动会等，都为我今天的工作生活打下了基础。可以说，我的兴趣爱好与今天工作很一致。

问：作为一个受老师信任的优秀生，您当时跟同学如何相处的？

答：那时我一直当班长，成绩也基本是年级第一，但我只当过中队长，挂"二条杠"。当老师推荐班级里的另一同学去竞选大队委时，我也觉得很正常，机会不能都让我一个人得啊。

合唱队有四五十人，鼓号队里也有需要体力较强的男生来担任乐手，男生可能比较调皮好动一些，但我几乎没给老师打过"小报告"。他们也很有集体荣誉感，以自己能在鼓号队为荣。我是指挥，要领会老师的意图，也要发挥自己的组织能力，这对我也是锻炼。

我们班副班长是一位男生，成绩虽不如我也相差无几，但他博览群书，知识面远比我广，我跟他一直相处很好，到现在还是朋友。

现在，我们小学同学聚会还很多，还曾一起去看望老师、回访学校，相处得非常愉快。同学们会说到当时的种种，甚至互爆糗事，这也是一起共同成长所形成的亲近关系吧。他们也曾用"女神"来形容那时的我，或许是说我太辉煌了。

问：小学阶段，您自己满意的事有吗？

答：老师对我很好，同学对我也很好，一直就开开心心那样过来了。有时芮老师会说起，我的作业本干干净净，贴满了小红花，在我之后还没遇到过。回想起来，还真是的吧。我的作业常常展出，也很风光的呢。现在想起来，没有保存下来有些遗憾。

问：如果要说"不足"，您在附小时有过吗？

答：我也迷过"小虎队"，偷偷抄的歌词被沈老师发现后没收了。有次自己认为事情没做好，洗照片曝光了一些，我为失去这些照片难过，还主动写了检讨。

专访江苏省新苏师范附属小学校校长陶六一

口述者：陶六一
访录整理：张伟应
访谈时间：2018 年 1 月 31 日
访谈地点：苏州市新市路 220 号附小校长办公室

问：请您简要谈谈到江苏省新苏师范附属小学（以下简称附小）工作前后的情况？

答：我 1994 年到师范附小担任副校长，之前是新苏师范学校教育专业课程的老师。一年后调任苏州市实验小学副校长，1997 年回到师范附小，担任校长、书记，直到现在（2017 年 8 月不再兼任书记）。

问：作为一所具有百年历史学校的领导，您认为附小最宝贵的人文资源、财富是什么？

答：最宝贵的资源，无疑是附小百年传承的办学理念，也是一贯至今的办学宗旨——"养成健全个性，实现圆满人生"。为了履行、坚守这个目标，我们在学校的方方面面都有意识加以体现，例如优质均衡分班，老师组合中的优化和谐，年级组长民主选举，课程设计中的规定内容和校本内容结合，教师学生相互关爱尊敬，校园环境的布置，学生教师后期服务方面的精心倾力安排，等等。

问：您在校 20 多年期间，学校不变或改变的，都有哪些？

答：坚持办学宗旨和理念，坚持做深入、细致、厚实、前瞻的基础工作，坚持培植温暖而和谐的人际氛围。因为我们相信自己在做一件长期的、会对孩子产生很大甚至终身影响的事业，所以我们不跟风、不张扬，不以名利当先，安静内敛办学，进取而有思研，师长以自身的为学、为人，影响和教育学生，童蒙养正，立德树人。

当然，我们也要捕捉教育改革的动态，接受最新的信息，甚至要先行一步实行课程改革，创建附小品牌。20 世纪 90 年代后期，所有学校争创"绿色学校"。我们附小提出了综合的、可持续发展的"绿色文明"，落实到课程中、生活中，以绿色文化系列课程、人与整个环境和谐的文化形态，来建设绿色学校。我们以此参加了国际上的绿色项目，那是联合国教科文组织与国家教育部合作的"中小学绿色教育行动"项目。江苏教育出版社 2000 年开始策划编写环境教育的教材，由我担任主编、学校部分老师参与，完成后师范附小长期应用。这套教材去年还推广到广西全区的学校中。可以说这是对后来推崇的"生态文明"，我们较早的实践行动吧。之后附小还有气候项目、水项目、校园环境管理项目等延续。

问：您提出学校"养生式管理"，学生"阳光个性培养"，如何在日常工作中体现？

答：培养健全的人、全面发展的人，这是附小清晰的办学目标。可以说，两千年前的孔夫子有这样的教育思想，当今世界范围认同的教育观点，都很一致。

如何培养？我们讲究的是个人发展要融入自然的、社会的环境中，做一个有社会责任感的人，做一个对社会对人类有贡献的人。"先天下之忧而忧，后天下之乐而乐""天下兴亡，匹夫有责"，苏州有范仲淹、顾炎武这样的杰出人物，有胸怀天下的地域人文精神。"实现社会价值"，这是最高层次的人的需求，正如马斯洛理论所揭示的那样。培育人的精神和行为习惯的过程，如同培育、颐养生命的过程一样。将中华优秀文化的精粹，中国人的核心价值观，由传统变革而来的现代部分（可称之为"血"），整合到我们学校的环境中，弘扬正气，培育阳光精神（这是"气"）。气、血生化，即为"养生"。教育之道，即是养生之道。

具体做法，我们还有融合了绿色文化课程的传统文化课程，应该说，这些教育是体现在学校的全部教学，以及各项活动中的。例如我们有旧物回收、资源利用的"一元钱爱心活动"，从最早每年年末一次，到现在每月月末两天，分类收集，参与的同学得到回收卡，之后可以兑换心愿，出售得款，定向捐赠一些学校"励志班"的特殊班费，并分别选派学生小组与受助班级举行"特别班会"，做事、育人、励志、自强等融为一体，坚持了十多年。学校"养生式管理"，学生"阳光个性培养"是长期的实践，现在我们已经制定了系列"阳光学校"标准，包括阳光学生、阳光教师、阳光家长各个方面的。

问：您认为，附小比较明显的特点是什么？

答：为每一个孩子奠定幸福人生基础，这是附小坚守的教育理想，也是附小一直在践行的当前任务。

问：您在附小的经历中，让您感到温暖美好的事例，能略举一二吗？

答：去年夏天，一个已经毕业六七年的学生，到学校来了3次才找到我，说出了自己的心愿：他想在远赴加拿大留学之前，再到学生食堂吃一次午餐。我当然满足了他的愿望。正是这位男生，在校时曾给我写过一封信，是关于学校电脑管理、维护方面的，他还自告奋勇修理损坏了的电脑。我接信后专门找他谈话，肯定他的主动精神。

还有一位附小学生从苏高中毕业，即将赴美国学习食品专业时，对我说，是附小的劳技课程（有烹饪、缝纫、传统手工艺等），培养了她对营养饮食方面的兴趣，学成后想要从事营养师工作。

有些女生，直接就称我"校长妈妈""亲妈妈"，还有一个女生，在教师节一直给我送花，来看我，他们都很珍视师生之间的情感，怀念在附小的生活。

问：请您谈谈附小的目标和未来？

答：正在建设中的新校舍，以六轨设计，比现在30班略多，但并未大规模扩展，这是一个规范的、比较适度的小学校规模。我们将在这方师范附小的发祥之地，也是各种办学形态都汇集过的"百年教育福地"，呈现"百年苏式校园"和"中国未来学校"的示范学校。

2017年，我们注册成立了"新苏未来教育研究会"，准备继续、更好地提炼"新苏"教育品牌，引领未来发展。师范附小将会以新的动力、新的面貌，办出"一校两园（和丰仓遗址教育园、幼儿园）"的苏式教育小学校。

苏州市东中市实验小学校

郑凤鸣

　　苏州市东中市实验小学校坐落在苏州市姑苏区中街路 203 号，其前身为私立钱业小学，创建于 1913 年，由苏州钱业同仁集资筹建，首任校长钱宝镕。开办初，只设初级班，仅几名老师、几十名学生，学生大都是钱业同仁子弟。

　　建校伊始，创始人钱宝镕就提出了"宁朴勿华"的校训，要求全体师生始终保持简朴的作风，摒弃浮华，踏踏实实做事，老老实实做人。"宁朴勿华"的校训，突显了百年东实小深厚的文化积淀，至今学校依然遵循这一校训前行。

　　1916 年，钱校长谢世，翌年续聘宋度担任校长。经宋校长及全校教职员工同心协力，艰苦奋进，学校声誉与日俱增，教育水准在当时姑苏城中堪称一流。

　　1934 年，设高级班 2 个班、初级班 4 个班，共有学生 236 名、教师 19 名，学校占地 733.37 平方米，有校舍 20 间。1936 年，宋度校长年迈告退，由钱宝镕之子钱仲鹿继任校长。钱仲鹿（1899—1969）是著名学者金松岑的门生，毕业于国立中央大学法律系。中国工程院院士赵铠 1938 年至 1944 年就读该校。

　　1944 年，伪吴县教育局实施"刷新教育"，接收私立钱业小学，改为县立，并且更改校名为"中市中心小学"。1946 年，私立钱业小学复校。

宋度

1949年后，改称苏州市私立钱业小学校。1956年，改为公办，更名为苏州市东中市小学校。1959年，试行寄宿制，学校改名为苏州市桃坞区寄宿制小学，全校共有教职员工18人，设6个班，招生寄宿生240名。1962年，根据苏州市教育局决定，撤销寄宿，恢复走读制，学校恢复原名。1963年，学校设10个班，有学生450名，另附设幼儿园2个班。1965年，学校增至15个班级，有学生742名，另附设幼儿园2个班。

1966年后，学校一度改名井岗山路小学，1979年9月恢复原名。1981年，定名为东中市中心小学，设10个班，有学生492名，另附设幼儿园2个班，招收大班幼儿72名，学校教职员工32名。

1991年，由于街坊改造，地块置换，中街路小学并入东中市中心小学。1999年通过了江苏省实验小学验收，更名东中市实验小学校。

2000年起，学校教科所被确定为苏州市首批"双语教育实验学校"，开设双语实验班12个。2007年学校被评为首批苏州市教育现代化小学。2004年，学校创办"东旭少年警校"，使小交警校园文化特色与艺术特色紧密结合。

近年来，学校先后获得教育部"教育管理信息化标准"应用示范学校、中国儿童音乐学会艺术教育先进单位、全国少工委"全国文明雏鹰假日小队"等光荣称号。

历任校长一览表（1913—2017）

任职时间	姓名	备注
1913—1916	钱宝镕（冠瀛）	
1917—1936	宋度（友裴）	
1936—1958	钱仲鹿	
1959.2—1962.8	濮秀云	

任职时间	姓名	备注
1962.8—1963.8	华丽芬	
1963.8—1968	徐素娥	副校长主持工作
1968—1969	张介卫	校革委会副主任
1969.2—1978	徐素娥	校革委会主任
1978.8—1983.4	王树芳	
1983.4—1984.10	葛晓明	
1984.10—1991.8	周小燕	
1991.8—2001.7	朱万麟	
2001.8—2002	周江红	
2002.7—2003.8	吴兴德	
2003.8—2004.8	吕荣	
2004.8—2007.8	吕俊	
2007.8—2009.8	谢芳	
2009.8—2012.8	惠兰	
2012.8—	徐倩	

专访苏州市东中市实验小学校原校长吴兴德

口述者：吴兴德
访录整理：郑凤鸣
访谈时间：2017 年 10 月 25 日
访谈地点：苏州市姑苏区东中市 90 号

问：请您回忆一下您在东中市实验小学的任职情况。

答：我在 2001 年 7 月到 2003 年 8 月期间，先后在此校担任过书记、校长，还当过金阊区的人大代表。我是从环秀小学过来的。2003 年，我从东中市实验小学退休。

问：您教过哪些年级？主课之外，还兼什么课？

答：我一直教高年级的数学。我有体育特长、好运动，因此还担任过体育

教师。因为是校长，又兼任了思想品德教育。

问：数学课是主课，教育负担重吗？

答：那时不太搞评比，也很少与重点学校竞争，因此小学生压力不大，几乎没有择校和请家教的情况。

问：请问您在校时，有哪些设施设备？

答：我在此校时，有自然实验室、音乐室、舞蹈房、多媒体室等，还有3间电脑房。

问：您在校时的班级数、师生数是多少？还记得吗？

答：我在此校时，有36个班级，1500名左右学生。

问：您那时的学生来源是？您进行家访吗？

答：学生来源主要是学校附近的地段生。做家访是经常的事，我去过很多学生的家。有趣的是当年向他们家长告状的学生，现在与我还有联系，对我很好，认为幸亏有我当年的家访，才修正了他们成才的道路。譬如老东吴食府的老总、观前街道的一位书记，他们至今还来看望我。

问：您是怎样备课的？采用的是什么教材？

答：我们那时没有集体备课，都是教师个人自己备课。采用的是人民教育出版社和江苏教育出版社出版的教材。

问：请说说您的教学成果和工作成绩？

答：没有太多的光环。曾经得过苏州大学教科研二等奖，立过金阊区先进工作者三等功，年度一等奖是最普通的，几乎年年得。这些都不值得夸耀，令我欣慰的是在发表的10多篇教育论文中，有一篇《小学生心理发展方向与学习成绩的关系》，被刊登在了《苏州大学学报》上。

问：校训"宁朴勿华"是谁提出来的？

答：是钱宝镕在创办之初就提出来了。大家都知道东中市实验小学的前身是钱业小学。据统计，清光绪年间苏州钱庄共有24家，开设于今东、西中市的就有20家。苏州钱业行规"信义通商"，靠信义赚钱后开办了供业内同仁子女读书的钱业小学。学校开办之初就定下了规矩，要保持艰苦朴素的行风，抵制奢侈浮华的邪气。值得庆幸的是，东中市实验小学把"宁朴勿华"传承了下来，真是难能可贵。

我们东中市实验小学的教师，历来遵循"宁朴勿华"四个字，不求名利、敬业爱岗、兢兢业业、互敬互重，形成了一个始终保持积极向上的、实力雄厚的教学团队，至今不变。因此不要说建校之初教育质量和声誉名冠苏城，就是现在，仍然堪称一流。

问：请举些例子。

答：20世纪60年代至今，学校的体操和乒乓球运动，成为传统体育项目，

在市、区比赛中多次获奖，并且为省、市输送了有培养前途的运动员。学校在各年级开设"说天道地"课程，取得了明显成果，于1986年的全国教学年会上，发表了论文《让孩子们在知识的海洋中遨游》。改革开放以后，学校在区内率先推行电化教育，并且在1987年苏州市电教会上做"电化教育"交流。学校注重学生的思想教育，内容充实，形式多样。1989年，学校少先队大队被评为江苏省红旗大队。我们还曾经获得过自然课教学全国一等奖。

最近的十多年来，学校获得教育部、全国少工委、中国儿童音乐学会、江苏名校俱乐部等全国、省级荣誉不下几十个。

问：请问最早的东中市小学是什么样子的？

答：最早的东中市小学校址在东中市 90 号，钱业公所后进。当时的建筑风格呈现民国风情加西洋风格。进石库门，下两个台阶，过天井，有幢"U"形楼。四柱大厅有花玻璃落地长窗、花砖铺地，非常气派和豪华。后面还有礼拜堂，门口放着一个奉献箱。正前方挂着红、白两色的窗帘，中间悬个铁十字架。十字架下面有个讲台，旁边有架钢琴。礼拜堂里放着长长的木条凳，供前来做礼拜的信众落座。

20 世纪 50 年代，学校的高墙上都是爬山虎，绿油油的，遮阴蔽日，煞是好看。

问：现在还有一些历史遗存或者实物吗？

答：我们东中市实验小学的校训墙、老校门，都是按照原样恢复建造的。

我们学校保存了一张 1934 年 7 月发出的毕业证书。毕业证书高与宽约四比五，显得敦敦实实。梅红色的宽带花边、四角缀了四朵大花。证书是用繁体字竖排写就的："苏州钱业小学英语科毕业证书，学生顾学淦系江苏省吴县人，年十五岁，在本校修业四年，期满考查成绩及格，准予毕业，此证。"下面的落款是校长宋度，教员汪永堃、王瑞龄、邓家福、陈义芬、洪胜声。校长和教员还都盖上了自己的私人印章。毕业证书末尾署的发证时间是中华民国廿三年七月，也就是公历1934 年 7 月。虽然只是小学学历证书，也没有学生照片，但是非常地郑重其事，加戳了骑缝章以防假冒。顺便说一下，这张毕业证书还有中英文对照呢。

问：你们学校现在的校园格局大体是怎样的？

答：校舍格局呈东西走向，两大板块中间以一条长廊与花园连接。占地面积 9700 平方米，共有 5 幢大楼，最高为 4 层。学校投入 57 万元，建设了电脑房，开通了联通宽带网、校园网；设有多媒体教室 1 间，省标自然实验室 1 个，学生电脑教室 3 个。另有排球馆、学校雏鹰电视台、图书馆、舞蹈房、音乐室、美术室等。

专访苏州市东中市中心小学校 1991 届毕业生沈清

口述者：沈清

访录整理：郑凤鸣

访谈时间：2017 年 10 月 25 日

访谈地点：苏州市姑苏区中街路 203 号

问：请问您是什么时间段在东中市小学读书的?

答：我于 1985 年到 1991 年在这里读书时，校名为东中市中心小学。我没有读过小学附设的那种学前班，这是我读书的第一个学校。

问：是按照居住地段划分入校，还是自主择校?

答：我是地段生，那时好像还不怎么讲究择校，但是作为家长，为子女选一所好学校，还是可以理解的。1985 年，我父母帮我报了住址附近的东中市小学、中街路小学、善耕小学，都是不错的小学校。入学考试后，我竟然都被录取了。我家邻居是东中市小学的一位老师，蛮喜欢我的，跟我父母说了东中市小学的悠久历史和种种教育优势，并且向学校介绍了我的天资和家庭背景，于是我就顺理成章地开始了在东中市小学的人生启蒙学习。

问：还记得入学前的考试情景吗？

答：父亲送我去东中市小学考试的时候，被隔离在了考场之外，不让在现场指导。现在我记得考试的三道题目：一是老师拿来一个木盘给我看。我也不知其意，看了不多时间，老师问我盘里有几样东西？分别是什么？这不难。回答准确的我有些小得意。二是看图说话。这更难不倒我，家里有的是一面简单汉字、一面好看图案的小方块。有些是买的，有些是父亲自己做的。三是老师把一个色彩繁多、形状各异的画板拿给我看，要我分辨后说出不同的颜色和图案名称。回答图案形状不难，因为父亲经常带我去苏州园林游玩，好多动物、植物、建筑物我都认识。难的是我有些色弱（长大后体检才知道），所以分辨色差不是很精准。还好，东中市小学还是录取了我，使我没有输在起跑线上。

问：校门就开在现在的中街路吗？

答：不，我在此校读书时，校门开在东中市，也就是创校之初的老校门。

问：请问您在校时的班主任和校长姓名？

答：班主任有张旬之、葛虹、华鸣等。我读书期间，从一年级到毕业，校长都是周小燕。对张旬之老师和华鸣老师的印象有些模糊了。葛虹那时刚走上工作岗位，蛮喜欢我的。我们至今还有联系，她现在是苏州工业园区教育局的领导。我们小范围的同学会，她仍然乐意参加。周小燕校长经常表扬我。小学毕业时，她还积极地把我推荐给中学，使我在初中阶段得到了不少照顾。可惜周校长已经走了，我们都很怀念她的。

问：您还记得一年级到六年级都有哪些课程吗？都是哪位老师教的？

答：课程太多了，这个问题不好回答。挑主要的说吧，教语文的是葛虹老师，教数学的是王俊老师、周小燕老师，教自然的是张明钧老师。他们都是思想道德好、学识水平高、教育能力强、为人师表的好老师。我庆幸人生第一学历段学习时，就读了东中市中心小学，遇到了这批好老师。

问：学校是怎么安排德育、体育、艺术、劳动课的？

答：德育是晨会课和班会课上的，几乎每天都有道德品质、思想素质、学校纪律、做人道理、远大理想、校训"宁朴勿华"教育，点点滴滴，不厌其烦，细雨润心，可见老师的苦心孤诣、良苦用心。每周两节体育课、一节美术课、一节书法课、一节劳动课。

体育课上学得最多的是跑步、跳绳。我们东中市中心小学的乒乓球运动是很有名的，几乎人人会打，出去比赛获过好多奖。春游时，体育老师和自然老师是最活跃的，我最喜欢跟着他们一起活动了。

问：您是什么时候加入少先队的？学校大队辅导员是谁？

答：我是二年级下学期入队的，在少先队成立纪念日的10月13日，我记得清清楚楚。入队仪式上，一位高年级的大姐姐给我戴上了红领巾，然后我们与老队员一起举手行队礼，激动地唱起了欢畅的队歌：我们是共产主义接班人……回到家，我急切地向父母报告："爸爸妈妈，今天我入队啦！"母亲开心地抚摸着我的头，帮我把红领巾系得更好。每个"六一"儿童节，学校都组织我们唱队歌。

问：老师"抢课"吗？会侵占副课时间吗？

答：我们东中市中心小学的每个老师都有自己的教学安排，教学效果好，所以不用抢课。我们享受到了学习副课的快乐和乐趣，培养了艺术素养。有条不紊地学习，增强了我们的学习效果。

不过有时老师之间会调课。记得有一次，自然课张老师正准备讲水的知识，忽然从半路杀出个"程咬金"。音乐老师手拿着歌谱，笑嘻嘻地走进来。同学们十有九成已经猜到老师要调课了。只见两位老师谈论了几句，张老师就拿着教具走出了教室。我们唱起了《我在马路边，捡到一分钱》。

我们的老师都非常重视课堂教学，充分利用学校安排的教学课时，精心编排教案、例题、习题，使我们在有限的时间内达到教学效率的最大化。

问：你们课堂纪律差的时候，老师是怎样匡正的？哪位老师最凶？

答：老师会拍桌子呀，但是不骂人。不骂人不等于放任自流。最有趣的是有位老教师摇着脑袋自己嘀咕："朽木不可雕也。"我们当时听不懂是什么意思，只觉得样子滑稽，哄堂大笑，反而情绪一致了，课堂纪律突然变好了。不过也有例外，有一次数学老师气极了，把三角尺也拍断了，吓得我们乖乖地回到正常的上课状态。最难忘的是我们班主任病了，学校请来了一位年轻的代课女老师。我们不服她。她镇不住我们，几次哭出教室，向校长告状。我们就是喜欢自己的班主任葛虹老师，直到她又出现在讲台上，我们才安安静静地上课。

问：老师拖课吗？你们那时作业负担重吗？

答：老师不拖课，都还可以。负担不重，放学做完作业再去玩耍，或者玩得差不多再做作业都可以。三年级以前，做作业时间不超过1个小时。家庭作业分口头作业、书面作业、实践性作业三种。口头作业有背书、背口诀、背公式等；书面作业有做数学题、抄写课文、默写生字等，高年级时还会有写周记作业；实践性作业有家务劳动、参加居委会活动等。东中市中心小学很重视作业质量，每次都要家长在作业本上签字反馈给学校，所以我们都不敢偷懒和马虎的。老师布置作业是为了巩固我们所学的知识，在我的印象中好像没有人不交作业的。我按时交作业，而且差错少，经常受到老师的表扬。

问：评了三好生学校有什么奖励？

答：奖状。

问：你最喜欢什么课？最喜欢哪位老师？

答：语文。葛虹老师教得真好，她也是我们的班主任。记得葛老师曾经教我们唐代柳宗元的《江雪》。葛老师读了一遍后，问："同学们，你们见过雪景吗？你们看见过在漫天大雪里钓鱼的情景吗？"被提问的我回答："苏州有雪的年份不多，有雪也不大，更没有看见过有人在漫天大雪里钓鱼。"葛老师拿出了一张图画，形象地介绍说："冬天到了，北风呼呼地吹着，接着下起了鹅毛大雪，一连几天也不停，到处是白茫茫的一片。所有的山上都看不见有鸟在飞，所有的路上也看不见有人走过的足迹。在这冰天雪地里，却有一个披着蓑衣、戴着斗笠的老人，孤零零地坐在一条小船上，独自在寒冷的江面上钓鱼。"然后又朗读了一遍，接着领我们逐句跟读，再问："雪里钓鱼的情景美吗？"大家齐声说："美！"之后，就是集体朗读、抽读、指名学生评价。那天的回家作业就是背诵《江雪》。由于葛老师循循善诱地讲解，大家理解了诗的意思，背诵也就不困难了。我到现在还能熟练地背诵这首诗。

问：你们那时春游、秋游去了哪些地方？回来要写作文吗？

答：我们那时只有春游，没有秋游。春游去天平山、天池山等。当然要写作文啊，有劲的事情如果和作文相关就有点没劲了。不过我六年级写的《天平山一线天》还是得到了周老师的表扬，至今我还保存了那本作文簿。

问：你们学校有红十字会吗？开展了哪些活动？

答：有的。学校红十字会组织我们听讲座，学包扎、心肺复苏、止血、骨折搬运、防火逃生等知识，终身受益。

苏州市盘溪中心小学校

宋庆阳

苏州市盘溪中心小学校始建于民国四年（1915），其前身为苏州市盘区第一国民学校，校址位于盘门外朱公桥。创建之初，学校仅有教职员工2人，目前只能查到1915年1月该校有位老师名叫胡元鼎，当时校舍主要利用红庙（一称虹庙）部分房屋。

据《吴县劝学所七年度学事年报》资料显示，1918年5月时任校长为潘英，学校名称是盘区第一国民学校。潘英于1917年3月毕业于江苏省立第一师范学校本科，其同班同学鲍积厚1922年接任校长。1923年，该校改称苏州市第三十初级小学。1927年8月，改校名为吴县县立盘溪初级小学校。《吴县教育》杂志1936年度第一学年《视导报告》指出："胡校长宝梁诚恳耐劳，治校尚有条理"，同时指出改进问题，"学生家庭劳工不少，未明教育需要，学生动辄缺课，宜加劝学……""自治组织，分类太多，不切实际，应酌量归并，指导活动。"当时在校学生162人，每月经费法币125元。抗战期间，学校停课，直至抗战胜利后复校。1947年春，在老校址新设吴县裕棠镇中心国民学校，3月开学后，校名即改为吴县盘溪镇中心国民学校。该校借用天坛庙为校舍，由严欣淇捐资重建 30 余间校舍，这时学校有在校学生 242 人，多为苏北籍。1948 年，又恢复称吴县裕棠镇中心国民学校。

1949 年后，学校更名为盘溪中心小学校。1953 年改建青砖木结构 2 层教学大楼、教师办公室和图书室。1954 年，原设立在炒米浜的公立勤工小学并入。1957 年秋五年级两个班级采用二部制教学，即甲班上午上课，乙班在室外活动或劳动，下午对调。二部制教学实施一年后叫停。

1966 年后，学校更名为朝阳小学，1974 年恢复原名。1976 年城南小学并入盘溪小学，称盘溪小学二院，当时在校学生总计 1150 人，教职员 60人。1984 年该校拆除原红庙危房 2 间大殿，新建 875 平方米教学楼。1986年恢复城南小学，1990 年城南小学再次并入。1999 年，大龙港小学并入，盘溪中心小学迁址至大龙港新村内，当时在校学生计 859 名，班级 17 个，教职员工 42 人。2012 年，盘新小学并入，盘新小学校区改为盘溪中心小学西区，供一至三年级学生学习，大龙港新村校区为本部，供四至六年级学生学习。截至 2017 年 9 月，该校拥有 24 个教学班，在校学生 969 名，教职员工 55 名。学校占地面积 15681 平方米，建筑面积达 8040 平方米，学校建有 200 米环形跑道的塑胶操场 1 个，足球场 3 个，建有室内体育馆、图书室、科学实验室、音乐室、美术室、民乐室、劳技室、舞蹈室、微机室等专用场馆设施，开通了校园网站"小盘龙信息港"以及教务管理系统"中小学综合管理系统"等。每间教室均装配集电视、电脑、电子白板功能为一体的多媒体视频系统，学校教育技术装备已达江苏省一类标准。

在提升教学硬件设施的同时，学校以开发校本特色课程为切入口，通过创设鲜明的特色环境，搭建互动的学习平台，组建丰富的学生社团，切实提高教育教学质量。学校体育教育教学较有特色，具有优良传统。全国优秀教师李耀宗经过长期实践，主编了校本教材《有趣的民间体育游戏》一书。1977 年在沧浪区小学生运动会上，该校学生胡大龙曾以打破男子400 米苏州市记录的优异成绩荣获冠军，同时他还获得跳高双料冠军，学校荣获男子团体总分亚军。盘溪中心小学校积极发挥这一特色，以体育教学为突破口，进行体育科学研究，取得了优异成绩，被评选为 21 世纪中国学校体育发展研究实验学校。近几年学校打造校园足球特色，经过 5 年的精心培育，在主教练汪耀军的带领下，学校"小盘龙"足球队今年一路过关斩将，先后荣获 2017 年"海浪阳光杯"全国青少年冬令营 U8 冠军、U9 冠军，获市长杯、省长杯足球联赛冠军。该校还先后被评为市文明单位、市群体活动先进集体、市教育技术装备先进学校、市教育现代化小学、市德育先进学校、省体育达标先进单位、省绿色学校、省健康促进学校、省平安校园、省体育传统项目学校（足球）、全国青少年校园足球特色学校。

历任校长一览表（1915—2017）

任职时间	姓名	备注
1915—1918.4		待考
1918.5—1922	潘英（达夫）	
1922—1928	鲍积厚（储博）	
1929—1931	顾锺英（锦秋）	
1931—1937	胡宝梁	
1947	魏焕文	
1947.8—1950.1	谢珍如（蕴秋）	
1950—1951	顾锦华	
1951.9—1952.8	章宁文	
1952.9—1953.8	陈保瑜	
1953.9—1958.8	周丽芳	
1958.9—1961.8	方开一	
1961.8—1964.8	沈潜	
1964.8—1968	杨惠英	
1968.9—1970.2	陈保瑾	校革委会主任
1970.3—1972	周顺芳	校革委会主任
1972.5—1974.2	俞玉英	校革委会主任
1974.2—1984.8	陆兴根	1978 年前为校革委会主任
1984.8—1986.8	周登标	副校长主持工作
1986.8—2000.8		
2000.8—2003.8	倪建平	
2003.8—2010.8	张萍	
2010.8—	蔡晓瑛	

专访苏州市盘溪中心小学校校长蔡晓瑛

口述者：蔡晓瑛
访录整理：宋庆阳
访谈时间：2017 年 9 月 22 日
访谈地点：苏州市盘溪中心小学校

问：请您简要介绍一下学校的历史。

答：我们学校主校区现在在大龙港新村内，有些家长就以为这只是一所新村配套小学，实则不然，盘溪中心小学是一所具有百年悠久历史的学校。学校建成于 1915 年，当时建在比较偏僻的盘门之外，我推测当时主要招收外城河沿河两岸的船家子弟，也就是当时的"新苏州人"子弟，应该是一所公益性质的学校。学校真正大发展是中华人民共和国成立之后，前后经过几次拆并，办学也就不在原址了。2000 年到 2010 年之间，由于生源不足，掀起了学校撤并潮。盘溪中心小学前后也合并了几所学校，有时候在撤并过程中，只是把教职工、学生并过来，有的则是强强联合，学校资源整体合并。盘溪中心小学办学历史较其他学校相对悠久，出于保护传统的需要，校名就保留了下来。现在盘溪中心小学校总面积有 15000 多平方米，学校配套设施一应俱全。

问：根据民国期间出版的《吴县教育》杂志，我们发现 1936 年盘溪初级小学的校长叫胡宝梁，但学校提供的表格上校长叫顾宝梁。1947 年的校长叫谢珍如，也非谢玲如。

答：谢谢您纠正这一错误，这应该是在誊抄的时候出现的笔误，写错了这两位校长的姓名，我们要在校史校志上及时更正。

问：学校的足球教育为第一特色，而且成绩非常突出，您能介绍一下吗？

答：盘溪中心小学校体育特色历史悠久，足球特色是近年来发展起来的。我校曾有一位全国优秀教师，现在已经退休了。他是一位体育教师，在校期间就以体育游戏为主题做全国课题研究。2012 年足球特色学校开始争创的时候，校园足球面临良好的发展形势，而且我校有这方面的专业人才，有位年轻的汪耀军教师，曾入选省青年队，后来退役到学校做了一名教师，还兼任市少年足球队主教练。当时他找我要求组建校园足球队，我同意了。足球队组建之初，一切从零开始，我们也并没有急于求成，当时只是在三年级选出十几个学生来训练。我们自编足球校本教材，孩子的队服之类，都是汪老师拉赞助拉来的。为了组队训练，汪老师牺牲了很多个人的时间，付出了巨大的努力，我们的队员家长也都给予理解支持。我们首次参加"明德杯"小学生足

球联赛的时候，是三年级的小朋友跟六年级的同学比赛，结果可想而知，遭遇大比分淘汰，输掉了十几个球，当时大家都十分沮丧。但我们不以一时成败论英雄，回来之后加紧训练，当年在"市长杯"青少年足球联赛中就打入总决赛。2014年获"市长杯"亚军，"省长杯"八强，这些荣誉的获得给了我们很大的信心。2016年，三年级校队荣获"市长杯"小学男子乙组冠军，六年级校队获小学男子甲组第五名，甲乙男子组综合素质团体第一名的好成绩，一举奠定了我校在苏州大市范围青少年足球项目上鼎足三立的良好态势。今年更是一个丰收年，出去打比赛几乎全部是冠军，只有甲组获得了亚军。我们第一批校队的同学现在已经毕业，其中3个进了市体校，2个被苏宁选为梯队队员培养、被南京外国语学校特招。我们还为市体校输送了26名优秀学生，市体校足球队有盘溪学子15名。

问：民乐作为第二特色，请您介绍一下。

答：其实也不仅是民乐，我们创设的是"三艺"课程，即在同学们中间倡导学习民间体育、民间工艺、民乐技能，民乐仅是其中之一。我校"欢乐体育节"有一个保留项目，叫"家乡民间游戏秀一秀"。就是考虑到小朋友来自全国各地，每次寒暑假过后，我们都开展类似活动，让孩子们带领大家玩一玩各自家乡的游戏，久而久之这些游戏也成为欢乐体育节上必备的项目了。民间体育包括花样踢毽、花样跳绳、踩高跷、转陀螺、滚铁箍、赛龙舟、调龙灯等；民乐方面有琵琶、扬琴、民歌、民族舞等；民间工艺有棕编、剪纸、面人、画扇面等。我们还与时俱进，把信息、美文鉴赏、足球等元素也融入民间"三艺"课程中来。我们的"三艺"课程中有一部分是省市乃至全国的非物质文化遗产保护项目，邀请的也都是该项目的非遗传承人到校授课，很受学生们欢迎。我们希望通过开设这些课程，让学生勤于动手动脑，培养其团队协作精神，让民间传统与时尚创新交相辉映。现在全校每周五集中开设"三艺"课程，供学生选择学习。老师也通过考察，结合特长把学生编组。每年六月，我们还举办"校园民艺文化节"。

问：把足球作为特色培育，算是另辟蹊径吗?

答：我校是首批全国足球特色校园。我们不是一阵风争创，是实打实地普及足球文化。现在全国足球特色校园每年都要复核，2016 年度复查中我们是一等奖。我刚才说过，体育是我校传统优势，选择足球也是"天时地利人和"。我们的校队队员学习成绩都很好，很多都是三好学生。值得骄傲的是，5 年来我们的校队队员没有 1 人退队。我们希望通过我们的工作，真正把校园足球特色落到实处。

问：有资料显示，学校新苏州人子女占比 80%，这对您的施教理念有什么影响?

答：现在学校新苏州人子女的比例略有下降，大概在 76%。新苏州人来到苏州，他们淳朴善良，带着自己原本的地域文化，努力融入苏州文化。我们应该张开双臂，欢迎他们的到来。在教育教学当中，我们力求做到把不同地域文化的本真，把传统与现代文化的本真，相融相合，迸发出新的华彩，创造新的篇章。我们都知道，融合是苏州城市精神主题词之一，具体到实际工作中，就是我们学校一直都在探索建设的小盘龙校园文化课题，这项工作其实从前几任校长就已经开始探索了。小盘龙文化具体表现为：一是寻龙的足迹，主要是从地域文化上来寻找有关龙的记载；二是学龙的精神，主要表现在本区域名人资源的挖掘方面；三是做龙的传人，就是我刚刚讲到的传承小盘龙精神。现已退休的体育老师李耀宗，曾荣获全国优秀教师、苏州市劳动模范，主编过校本教材《有趣的民间体育游戏》，前面提到的"家乡民间游戏秀一秀"也是受到这个教材的启发，同时也是体育传统的继承与发扬。我校的校训为"抱朴出新"，其主旨就是要保持本真，传承精华，推陈出新。具体表现在修己立身方面，就是要引导学生保住本真，朴实无华。"朴"还蕴含有"笃行"的含义。"笃行"就是要身体力行，引导学生在实践中展现自己的知识与品格，在脚踏实地的实践中实现远大抱负。"出新"则强调在传承历史文明基础上，尊重学生个性发展，引导学生探索真知，自觉创新思维、创新实践，提升自主创新能力。我们让这些孩子带着他们各自的良好品格以及他们的原乡文化，与苏州本地的同学一起在苏州这方水土上沟通——交流——冲突——调适——合作——成长，让他们共同浸润在盘门和运河所昭示的文化之中，相互交流，学习成长，不断超越自我。

问：学校的多次变迁，对学校的气质有何影响？

答：变是发展的必然。历史在发展，社会在变革，学校在时代中也不可能一成不变。但在发展变化中，我们始终注重营造一种优美的教书育人环境，不管学校如何搬迁，雅、静、美的学习环境是我们一直都在坚持打造的，这可能就是变中有不变吧。"借山光以悦人性，假湖水以静心情"，良好的环境对于学生的情感意志、个性品格、道德操行等心理特征的熏陶和潜移默化，是不可估量的。走进我们的学校犹如走进苏州园林，粉墙黛瓦，桂花庭院，琴声环绕，书声琅琅。民间工艺传习所、民间体育游戏展示馆、民乐坊，是孩子们学习民间"三艺"的场所；姑苏文化廊、民间艺术墙、盘门诗词廊等处处围绕地域文化主题；阳光小子雕塑、小盘龙卡通形象都呈现在学校醒目的位置上。我们力求让学校的每一面墙壁都会说话，每一扇花窗都会讲故事。

问：苏州百年老校很多，且不乏名校，盘溪中心小学作为其中之一，您觉得应该从哪些方面传承和提高？

答：盘溪中心小学作为一所具有百年办学历史的小学，我们要充分了解其历史，从地域文化上去充分挖掘其文化内涵。学校既然坐落于此，就带有其既坚守又不乏灵动的气韵，我们在传承中就把这种气质实化成一种小学生可以接受的小盘龙文化，通过学习一种技艺，传承一种精神，最后形成一种品质。比如在实践中有一课"我与范仲淹对话"，孩子们通过讲述范仲淹在苏州办府学的故事，以辩论会的形式，与心中的范仲淹对话。有的孩子赞颂他，也有许多孩子说出了心中的困惑。足球这个特色要长期坚持下去。我们经历了很多次失败，但是不放弃、不言败，走出了一片新天地，这种精神要代代相传。

在营造校园特色的同时，还要建设好师生互动的资源平台。教书育人是根本。为此，我们努力建立校级课程资源库，积累课程素材、教案、课件等教学资源，实现师生共享。结合现代化教育教学元素，我们努力在网站上开发可供学生自主学习的软件平台，建设校际互动的交流平台。我校组织行政班子和部分骨干教师到敬文实验小学取经学习，该校给予我校以大力支持，我们建立了合作研究项目小组，经常开展教育科研交流活动，在开放交流中展示一校一品、校园特色，达到互相学习、互相提高的目的，这与我们"抱朴出新"的校训是分不开的。

专访苏州市盘溪中心小学校毕业生、退休教师朱苏菊

口述者：朱苏菊

访录整理：宋庆阳

访谈时间：2017 年 11 月 27 日

访谈形式：微信问答

问：请问您是何时就读于该校的？当时的学校情况能简要介绍一下吗？

答：我是 1955 年 9 月就读该校一年级的。记得当时学校是双轨制，6 个
　　年级，12 个班，另外还有 2 个幼儿班。当时每班学生大约 50 人。由

于当时人太小，也记不清楚多少。我毕业的时候校长是方开一。

问：请问您了解母校的办学历史吗？生源情况呢？

答：不太清楚学校的办学历史，只知道学校存在很长时间了。当时还没有择校这个概念，学校生源都是今天所说的地段生，也就是学校附近家庭的孩子，都是劳动人民子女、双职工子女。大多家长文化程度不高。

问：请问您在校读书期间，有没有印象特别深刻的老师、同学或事件？

答：在我的记忆里也没什么特别深刻的事情，只记得那时的孩子都很纯朴、天真。

问："中国式家长"在国际都享有盛誉，在子女的教育上都是蛮拼的，请问您在小学阶段有没有"吃小灶"的经历？有专门学习的才艺吗？

答：我们学校地处城乡接合部，学生都出身普通家庭。在大部分家长心目中，都认为孩子认识几个字，不做"睁眼瞎"就可以了，哪里还谈得上"开小灶"呢？至于"才艺"的培养，也不过是各凭自己的爱好，学习一些乐器而已，例如笛子、二胡等。学校也会经常开展一些文娱活动，例如跳集体舞、开营火晚会等。

问：您是何时到该校任教，又是何时退休的呢？

答：我1965年到盘溪小学当老师，2003年从该校退休。

问：毕业后又回到母校任教，非常有缘分啊。那您是母校发展的见证人，今昔对比，感触也一定有很多吧？

答：学校变化真是太大了，不管是硬件还是软件，变化都可以说是翻天覆地的。我记得光是校舍就翻建和扩建了好几次。从我记忆中的小平房到楼房，从"晴天一身土，雨天一脚泥"的泥泞操场到现代化的塑胶跑道……教学设施就更不要说了，当时能有个幻灯就了不得了，现在都是电教化教学了。可以说应有尽有，就不用一一举例了。

问：您认为小学阶段的学习经历对今后的人生规划、事业发展有没有某种
必然的影响？

答：小学阶段的学习是基础。文化知识固然重要，但是德才兼备是我们的
教学目标，从这个意义上来说，"品德"教育培养更加重要。教书先教
人，首先要教会孩子们怎样做人，这样才能为今后的人生规划、事业
发展奠定坚实的基础。

苏州市桃坞中心小学校

李昉

　　苏州市桃坞中心小学校位于苏州市姑苏区石幢弄 34 号。学校创建于 1916 年 4 月 27 日，是当时由教会创办的桃坞中学附属小学，校长为客克私（美籍）。1952 年人民政府接收为公立小学，更名为苏州市桃坞中心小学校至今。

　　学校占地面积 8202 平方米，校舍建筑面积 3537 平方米。学校有两幢民国时期楼房，1934 年修建的"红楼"现为行政楼，建筑面积 359 平方米；1905 年修建的"绿楼"现为图书馆楼，建筑面积 587 平方米。学校共有教学楼 4 幢，建筑面积 2098 平方米。

　　截止到 2017 年底，学校设有 17 个班级，共计 693 名学生，学生平均占地面积 3.77 平方米／人，达到了江苏省颁布的优质资源学校标准。全校有教职工 39 名，其中研究生学历 2 名、本科生学历 25 名、专科生学历 12 名；中小学一级教师 32 名，二级教师 7 名。学校教职员中，1 人为苏州市语文学科带头人，1 人为姑苏区英语学科带头人，4 人为姑苏区学科骨干教师。

作为一所百年老校，苏州市桃坞中心小学校具有得天独厚的历史与地理优势。学校承载着百年梦想，顺应姑苏教育的发展趋势，遵循"让每一个孩子幸福成长"的办学理念，致力于常规管理、队伍建设、教育科研和特色打造，积极开发校本课程。学校努力积淀校园文化，不断提升办学内涵，先后开发了《水木清华》《桃缘》《桃花坞记》和《桃坞经》。学校传承创新桃花坞木刻年画特色，通过桃花坞木刻文化中人物、故事、习俗等校本课程资源的学习，润养孩子们的心灵，润泽孩子们的生命，让他们存有保护传统文化的热情与责任，同时去感受生活的丰富，感受成功的快乐，感受点滴的幸福，形成一辈子受用的、积极乐观的人生态度。

学校先后获得全国艺术教育先进单位、江苏省平安学校、江苏省青少年科技教育特色学校。学校的"小桃娃桃花坞木刻社团"获"江苏省十佳红领巾小社团"称号，五年级三班获江苏省"动感中队"称号。

历任校长一览表（1946—2017）

任职时间	姓名	备注
1946—1951	钱慕云	桃坞中学校长兼
1951.9—1952.2	郁传桂	
1952.2—1952.7	朱培伦	
1952.7—1954.8	丁维莲	
1954.8—1978.7	刘一鸣	
1978—1983	徐惠霞	副校长主持工作
1983—1986	王德元	
1986.8—1987.4	蔡之牧	副校长主持工作
1987.4—1987.8		
1987.9—1988.8	汪授星	副校长主持工作
1988.8—1994.8		
1994.8—2001.8	朱瑞元	
2001.8—2002.4	肖荣华	副校长主持工作
2002.4—2003.8		
2003.8—2010.8	周燕	
2010.8—	潘琼	

专访苏州市桃坞中心小学原副校长冯美新

口述者：冯美新

访录整理：李昉

访谈时间：2018 年 3 月 2 日

访谈地点：苏州市桃坞中心小学会议室

问：请问您是什么时候进入桃坞小学的？

答：我是 1956 年从新苏师范毕业，当时我 19 岁，毕业后就被派入桃坞中心小学。最早这所学校的名称是苏州桃坞中学附属小学，1952 年，由原来的附属小学改为桃坞中心小学。我在这所学校一直工作到 1994 年退休，整整 38 年。

问：您进入桃坞中心小学工作的时候，学校的招生情况是怎样的？

答：当年桃坞中心小学的招生条件是很高的，不是地段上每个孩子都能入学。当时周边地区的居民有很多都是外来人口，以苏北人居多，他们大部分经济条件不是很好，家庭状况也比较困难，所以读不起这所学校，只能进入其他学校读书，公办的有泰伯小学、同仁小学等，民办的有苍龙小学、横街小学等。

问：进入桃坞中心小学念书需要符合什么条件？

答：基本上是按照地段来划分的，以居民户口簿为依据，属于学校周边居民的适龄儿童，就可以进入桃坞中心小学念书。

问：桃坞中心小学当时的办学规模是怎样的？

答：我进学校时，规模是 16 到 18 个班级。20 世纪 70 年代后期，学校的学生就逐渐多起来了，曾有过 22 个班级，1000 多名学生。我当时教的毕业班有 50 多名同学。学校当时归金阊区教育局领导，各类教学设施在当时属于很好的。

问：您进入桃坞中心小学工作时，校领导是哪位？

答：当时校长是刘一鸣，教导主任是钱祖弼。

问：您进入桃坞中心小学初期，执教情况是怎样的？是否担任班主任？

答：我参加工作不久就担任班主任了，一开始主要教语文，一般是从一年级教到六年级毕业，也有过从一年级教到四年级，再交给别的老师教下去的情况。

问：您除了教语文，还教其他科目吗？

答：进入学校的头几年主要教语文，后来教数学，直到担任行政职务后，就不怎么教主课了，仅教地理和历史之类的副课。

问：您是什么时候开始担任行政职务的？担任过哪些职务？

答：具体年月记不清楚了，我是 20 世纪 70 年代担任学校的教导主任的，20 世纪 80 年代担任副校长。入党时间我清楚地记得，是 1984 年。

问：您担任副校长后，具体分管哪些工作？正校长是哪一位？副校长有几位？

答：我主要管教育教学和人事工作，当时的正校长是汪授星，副校长就我一个。

问：您在桃坞小学工作时学校和现在的面貌有什么变化吗？

答：学校基址没有变迁过，但是校貌变化还是很大的。我才来的时候，学校的建筑都很陈旧，有些已属破旧了，后来到了 20 世纪 90 年代重新翻建过。对面的幼儿园宿舍，后来也拆除了。1949 年前留下来的洋房一直没有变过，我们现在使用的主楼教学楼也没有变过，只是这么多年来有过多次修缮，以前校园内西面的 4 间房屋也已经全部拆除了。

问：您执教时，学生们的学习情况怎么样？成绩差的学生要补课吗？

答：当时桃坞小学在这个片区中是最好的小学，凡是送入这所学校的学生都有很好的家庭教养，所以整体的品德和智商都很好，学习成绩也基本较好，没有特别差的学生。而我们老师也不提倡补课，也没有校外补课或者上补习班这一说，成绩不好的，我会去家访，课后再进行针对性的辅导。

问：在执教过程中，您会带学生开展各类活动吗？

答：那时候活动很多的，有跳绳、踢键子等比赛，印象最深的就是带学生们出去春游和秋游。我记得 20 世纪 70 年代时，带学生徒步去木渎，游玩灵岩山，还去横山烈士陵园扫墓，全程要走 3 个小时，回来的时候，同学们的双脚已经拖不动了，但是个个都很开心。

问：您带过这么多班级，有没有让您印象深刻的学生？

答：印象深刻的确实有一些，但是印象最深的是 1965 届的一名卢姓学生，他的父亲是位铁匠，这个孩子非常顽皮。

问：您在桃坞小学这么多年，让您印象最深刻的是什么？

答：印象最深刻的应该是 1966—1976 年期间，亲眼看到工宣队批斗我们学校的 4 位老师，我当时很不理解啊，那 4 位老师都是非常好的人，怎么就被批斗成这样。那些工宣队的人还到我的课堂上来听我讲自然课。1976 年后，教育部门在小学开设了思想品德课，这在之前是没有的。

问：您任教期间，作息时间是怎么安排的？

答：我们老师是 7 点半前必须到学校，中午学生们都放学回家吃饭，那时候学校都没有食堂的，老师们也各自解决吃午饭的问题。我当时住在西中市，中午自己回家吃饭。下午 4 点半前，学生们基本都放学回家，老师是 5 点下班，晚上还需要批作业和备课，一般都是到八九点结束。一周上班 6 天，学生们也是上 6 天课，只有周日休息。我那时候生孩子，56 天后就去上班了。

专访苏州市桃坞中心小学校 1954 届毕业生荣景华

口述者：荣景华
访录整理：李昉
访谈时间：2018 年 3 月 2 日
访谈地点：苏州市桃坞中心小学会议室

问：请谈一谈您当年小学入学的情况。

答：我既是桃坞中心小学毕业生，也在这里工作到退休，应该说也是一种缘分。我出生于 1942 年 3 月，1949 年进入桃坞中学附属小学读书，一、二年级后，由于我父亲在上海工作，我就跟着一起去上海生活了，也就在上海的小学念了三、四年级。后来父亲回苏州工作，也就把我带回来，我又回到桃坞小学读了五、六年级，直到 1954 年毕业。

问：您就读桃坞中心小学时需要参加入学考试吗？还是按照地段划分的？

答：我小时候念书没有入学考试的，我家住在官宰弄，就是第四中学的河对岸，就近读书，属于桃坞中心小学的周边区域，就报名入学了。家里是我和弟弟两个，他也在桃坞中心小学念书，后来我的儿子也是桃坞中心小学毕业的。

问：您在桃坞中心小学念一、二年级的时候还有具体印象吗？

答：那时候还小，记忆不是很具体，但是主课只有语文和数学两门，那时候学校的老师很多，我还记得他们。教我语文的是张炎华老师，教我数学的老师名字虽然忘记了，但是她的儿子是我的同班同学，叫曹公权，他是清代名医曹沧洲的曾孙辈，现在也是很有名的医生。教我音乐的是沈寄娥老师，她到晚年时还记得我这个学生，我们还为她七十大寿做了庆祝活动。

问：您在上海寄读了三、四年级以后，再回到桃坞中心小学时，还回到原来的班级吗？

答：不是的，回来后就被安排在其他班级了，一、二年级的同学大多不联系了。五、六年级时毕竟长大了，也懂得和同学们相处了，有几位关系很好的同学至今还有联系，比如苏州第三人民医院的退休医生曹公权、苏州搪瓷厂原厂长施伟钰等。我还记得教我们毕业班的数学老师孙慈德和美术老师何元礼。

问：那在五、六年级念书时的情况是怎样的？

答：我们那时候读书是很轻松的，也没有什么学业或者考试的压力，只觉得我们是小学生，就应该把书念好，除此之外，就是玩，没有其他念头。除了语文和数学主课外，其他副课都像玩一样，很轻松很快乐。而且学校组织的活动很多，那时候的大队辅导员叫李方煜，是外地人，他经常组织我们少先队员参加各种活动，比如跳绳、踢毽子等。感觉就是在这种快乐的时光中，小学就这么毕业了。

问：当时的课程情况是怎样的？除了主课之外，副课有哪些？

答：通常一位任课老师会教几个班，即便是主课老师给我们上课，也从来不拖课不补课，一节课45分钟，下课铃声一响，也就下课了，至于部分成绩不好的学生，只能靠自己回去慢慢温习，根本没有请家教或者上补习班的。副课有自然、历史、地理、音乐、美术、体育等，还有手工课，老师会教我们折纸工。下课的时候，也都是同学之间结伴玩

耍，在操场上跑来跑去，跳绳、踢毽子、荡秋千，都玩得津津有味。

问：当时的课堂纪律好吗？任课老师都严厉吗？

答：我们桃坞中心小学的学生都很不错，所以整体的上课纪律是很好的，从来不乱，我们都很听老师的话，老师也都很和蔼可亲。我们桃坞小学从来不开家长会的，但是家长都很尊重老师。

问：您在学校里的表现和成绩都突出吗？

答：我的学习成绩还是很好的，担任过中队长，评上过三好生，还得了奖状，奖品是铅笔和本子之类的学习用品。当时心里是非常自豪的。

问：学校会组织春游和秋游吗？

答：会的，那是我们最开心的时候，知道第二天要春游或者秋游，晚上都激动得睡不着，第二天老早就起床了。虽然去的地方并不远，像虎丘、灵岩山等地，但是我们那时没有汽车，全是靠步行去的，出城以后沿途都是风景，一路上叽叽喳喳非常开心。

问：您是几年级加入少先队的？当时的心情如何？

答：那时候加入少先队是非常光荣的事情，而且不是每个学生都能加入的，不仅要求成绩好，表现也要好。我是五年级时入队的，第一次戴上红领巾的时候，又是激动又是自勉，觉得自己要好好读书，好好表现，要对得起胸前的红领巾，当时常常会忍不住去低头看看红领巾，平时都小心翼翼地，生怕弄脏它。入队以后，我们看见老师都要行队礼的。晚上睡觉前还要将红领巾对角折好并摆好，非常珍惜。

问：您从桃坞中心小学毕业后的经历是怎样的？

答：小学毕业后，我在河清中学读初中，就是现在的第二十一中学。中学毕业后，我考上了职业技术学校，但没有去。隔了一年后，我考入苏州高级中学读高中，并于1961年毕业。毕业后即被分配到位于西中市的机关职工学校做老师，为成人授课。但是当时我才毕业，自己都还是个孩子，总觉得不适应，后来向区教育局提出调离的申请。不到半年，教育局就把我调到东中市寄宿制学校任教，也就是后来的东中市小学。1982年，我又调到同仁小学。到了1985年，教育局派我去创办培智学校。一直到1994年2月，正值寒假，我被调入桃坞小学，任辅导区书记，负责整个辅导区的工作，而办公地点是在桃坞中心小学，就这样一直工作到退休。

问：您调入桃坞中心小学工作时是哪一任校长？您具体负责辅导区的哪些工作？

答：我在桃坞中心小学从1994年工作到1997年退休，先后共事过两任校长，分别是汪授星和朱瑞元。作为辅导区书记，负责的工作内容还是比较多的，包括师生的思想教育、教师队伍的人事管理、片区的党务工作等。辅导区包括桃坞中心小学、同仁小学等周边的多所小学，都由辅导区书记负责，每周三下午，片区内的相关老师都要集中到桃坞中心小学来参加政治学习。

问：您在桃坞中心小学工作的这三四年中，小学是什么样的状况？

答：那时候桃坞中心小学的师生很多，尤其是学生，有 20 多个班级，早上出早操时，操场上站满了人，有 1000 多人。后来学生越来越少，这是因为改革开放以后，苏州的城市规模扩大了，很多周边的居民都迁出老城区，尤其是年轻人，工作以后或者成家时，就搬去园区或者新区定居了，孩子自然也跟着家长走了，留下的都是老年人。

问：您退休后，还常去桃坞中心小学吗？

答：是啊，我从小住在桃坞中心小学附近，又是这里毕业的，后来又在这里工作，对学校非常有感情。1997 年退休时，我还被区教育局留用，继续留在桃坞中心小学帮忙，一直到 2003 年。2004 年，我的女儿生孩子，需要人帮忙照顾，我才正式不做了。不过退休以后，我还在退休教工协会负责相关工作，定期组织协会活动，基本上是"每月一次大活动、每周一次小活动"。

问：那您既在桃坞中心小学念书，后来又在桃坞中心小学工作，是否有哪位老师既教过您，后来又成为您的同事呢？

答：老师倒是没有，不过刘一鸣校长在我念小学的时候，就已经是桃坞中心小学的校长了，后来我调入桃坞中心小学工作时，他依然在这里工作。

苏州市崇道小学校

施晓平

苏州市崇道小学校，创办于 1924 年秋，原名私立崇道小学，因隶属美国中华基督教会崇道堂而得名，创办人刘道生系崇道堂牧师。初办时，学校仅有中式平房两间，学生 20 余名，教师 4 名。1932 年，兴建西式平屋两间，添置教具。

抗日时期，学校被伪吴县教育局接管，1942 年改称"县立共荣小学"。抗日战争胜利后复校，成立校董会，由岳素娥继任校长。

1951 年 2 月，学校设 4 个教学班，学生 210 名，教师 6 名。1952 年 12 月由人民政府首批接收为公校，更名为"齐门小学"。1966 年后，曾一度改名为"解放小学"。1981 年，东汇小学、西汇小学并入齐门小学。当时学校占地 2974 平方米，建筑面积 2060.68 平方米，设教学班 12 个，学生 500 多名，教师 30 多名。

1991 年 4 月开始移地重建新校，1993 年搬迁至东汇路新址。1998 年 8 月齐星小学并入齐门小学。

2007 年由于城市建设的需要，平江区政府又再次新建齐门小学。2008

年5月26日全校师生搬入了东汇路新校址。为了保护学校的历史文化资源，经区政府批准，学校恢复使用原校名"崇道小学"。

2017年底，学校占地面积14069平方米，建筑面积13788平方米。设有教学班28个，学生1192名，教师63人，教师学历达标率达100%，中小学一级以上职称教师比例为84.1%，区级以上骨干教师占19%。

学校获得的荣誉主要有：苏州市信息化实验学校、苏州市中小学图书馆建设专项工程先进集体、苏州市德育先进学校、苏州市青少年科技教育特色学校、苏州市中小学教育技术装备管理先进学校、苏州市绿色学校、姑苏区文明单位等。

附一：东汇小学

位于东汇路65号。1957年开办，校名为齐汇民办小学，1960年改名东吴酒厂厂办小学，1969年更名群英小学，1971年改为公校，易名东汇小学。1981年并入齐门小学。

附二：西汇小学

位于齐门外下塘21号。原为清末公立齐门外米业初等小学堂，民国后改为齐贤国民学校，校长徐晋镛。1946年定名齐溪望齐中心国民学校，1947年改名齐溪镇中心国民学校。1949年10月，改称苏州市立齐溪中心国民学校。后改称齐溪小学、齐贤小学，1958年后改名西汇小学。1958年中行小学并入。1981年并入齐门小学。

附三：中行小学

位于齐门西汇木业巽正公所内。1925年由齐门外东汇程牲记木号程庭桂创办，学生主要是同业中及附近居民的子弟。经费由娄门同业资助，并得到阊门、胥门同业的支持。程庭桂任名誉校长。10余年后，因同业了弟不足而停办。1945年11月复校。1958年并入齐溪小学。

附四：齐星小学

位于齐门星桥巷1号。1936年8月创办，开始由陆宗钦为附近数名儿童开办一个私塾，后因学龄儿童较多，逐步扩展成一个班，陆自任校长。两年半以后改为公办小学，校名为吴县齐贤小学。1947年8月至1949年4月，学校更名为吴县齐星国民学校。后改名为苏州市齐星初级小学校、苏州市齐星小学校、苏州市向阳小学。1971年群力民办小学并入。1978年恢复齐星小学校名。1998年暑期撤并，学生并入附近的敬文实验小学和齐门小学学习。

附五：群力民办小学

位于齐门路158号。1958年创办，定名齐门民办小学，1969年后改称群力民办小学，1971年并入齐星小学。

1949年后历任校长一览表（1949—2017）

任职时间	姓名	备注
1949—1953		待考
1953.8—1956.8	彭名芬	
1956.8—1963.8	谭熊喜	
1963.8—1972.8	汤仙霞	1968年后为校革委会主任
1974.9—1990.8	段威年	1978年8月前为校革委会主任
1990.8—2000.8	薛心澄	
2000.8—2001.8	蒯翻	
2001.8—2002.2	焦璐	
2002.2—2008.8	钟华成	
2008.8—	徐文娟	

专访苏州市齐门小学校原校长薛心澄

口述者：薛心澄
访录整理：施晓平
访谈时间：2017 年 12 月 5 日
访谈地点：苏州市东汇路 7-9 号崇道小学会议室

问：您是什么时候到崇道小学工作的？

答：我是 1981 年到这里工作的，当时学校叫"齐门小学"。"崇道小学"这个名称是 2008 年才恢复的。

问：您到学校工作的时候，学校的规模怎么样？

答：我是 1981 年 10 月到这里的，当时学校规模很小，班级大多是双轨制，也就是每个年级 2 个班。每个班包括学生 45 人左右，算上幼儿园，全校学生也就 500 多人；全校老师包括校长、中层干部也只有 20 多个人。当时校长是段威年，教导主任是陈凤琦，副教导主任是王学春，总务主任是黄志伟。普通老师有顾杏珍、孟玲玲、殷瑞初、陈闯、吴畹珍、支桂珍、李美玲、凌红、时东平、孙瑞芳、徐白妹、陈梅珍、巢国瑞、叶在壮等。随着时间的推移，学校的规模逐渐扩大，老师逐渐增加到三四十位。

问：学校的平面布局您还有印象吗？

答：学校在齐门外大街东侧，合成化工厂北侧。我刚去的时候，学校南侧基本呈长方形，其中最南侧是一条走道，宽约 5 米。走道最西面是校门，向东依次有水槽、宣传栏、花坛。宣传栏是一排黑板，大约 20 米长，那是出黑板报的地方，每个年级负责一块版面。最东面是一个厕所。

走道北侧最西面是传达室，分隔成内外两间，里面住着一位叫老张的工友，负责学校作息打铃和夜间保卫工作。

传达室向东是一座大礼堂，这也是学校最醒目的建筑，南北宽约 30 米，东西长约 60 米，这是一幢欧式建筑，青砖黛瓦，东墙和南北墙都有两扇几乎落地的大窗户，残存着教堂的痕迹，高耸的山墙上有壁炉的烟囱。

大礼堂往东是一片小操场和一幢 3 层教学楼，小操场在南侧，3 层教学楼在北侧。

那幢 3 层教学楼所在地原先是平房，是 1980 年由平江区政府投资翻建而成的，1981 年秋投入使用，东汇小学、西汇小学同时并入齐门小学。翻建的时候，全校搬到东汇路 65 号原东汇小学校址（就是现在的外齐王庙内）上课。后来原东汇小学校址进行了简单的维修，用作教师的住宅。

3 层教学楼再向东是一幢"L"形的西式小洋房，2 层，每层当中一间是大客厅，两侧都是地板房。客厅北面有板墙，板墙后面是木梯，可以走到楼上去。我刚去的时候，这幢小洋楼用作幼儿园，楼下是教室，楼上是午睡室。小洋房东面是合成化工厂的房子。

大礼堂北侧有一个伸向北面的四合院，这里原先有 5 间教室，东西各 2 间，北面 1 间（我去的时候那间已经拆掉了）；小洋楼北面有大操场，直抵一条叫"马弄"的弄堂，操场铺煤灰，跑道南北向，长度只有 40 米。四合院、大操场虽然都是向北面伸出的，但四合院西侧、东侧都有民宅，所以跟齐门外大街、大操场都是不直接连通的。

问：齐门小学办幼儿园是什么时候的事情？

答：应该是 1973 年之前就兴办的。1997 年，抱秀新村建造了一所幼儿园，经过我们争取，上级把它划给了齐门小学，于是我们的幼儿园就搬到了抱秀新村内。但很快这所幼儿园就跟学校脱钩了。此后学校就没有幼儿园了。

2011 年起，为解决附近鼎尚花园等小区的孩子上幼儿园事宜，学校又临时性开办了附属幼儿园，到 2018 年 6 月结束。

问：您在这里工作的时候，学校施教区有多大？

答：东至东环路沿线，西至人民路，南至护城河，北到与吴县陆墓交界处。1998 年齐星小学撤并后，齐门路东北街以北部分也是齐门小学施教区。

问：当时有施教区外的孩子来读书吗？

答：有一些。当时约五分之四的孩子是地段生，非地段生主要是 312 国道一带大型企业，如炭黑厂、光华水泥厂、化工机械厂、合成化工厂、东升化工厂的职工子弟。这些企业都是学校的共建单位，会时不时到学校开展慰问活动，或者帮助学校解决些实际困难，所以职工子弟过来读书不交择校费（当时也没有择校费这个概念）。记得合成化工厂曾为我校教师提供过 6 套钢瓶煤气，还让老师在厂内食堂搭伙，允许老师去他们单位洗澡等。

问：学校的校址一开始在什么地方？后来发生过变化吗？

答：从创办起到 1993 年，学校地址没有变动，都在齐门外大街 138 号。

1993 年和 2008 年，学校出于不同原因，先后两次迁址。

问：1993 年齐门小学搬迁是什么原因？

答：主要是因为学校南侧的合成化工厂反应锅多次爆炸，记得有一天是下午爆炸，引起火灾，火星都溅到幼儿园了，老师们赶紧让正在午睡的孩子爬起来避火。同时，合成化工厂生产的樟脑丸是含苯物质，可致癌。为保障师生的人身安全，学校向上级申请搬迁，经过 8 年努力，才搬到了齐门桥东北埭，门牌号是东汇路 7-9 号。这里在老校南面七八百米处，中华人民共和国成立之初是苏州染料厂的厂房，后来变成苏州市化工局下属企业的一个仓库。一开始上级想把学校搬迁到梅巷，大家觉得不方便，所以不赞成。

问：这次搬迁后的校园平面布局是怎样的？

答：学校大门有两道，第一道开在东汇路上，东侧从南到北有一排房子，其中第三间是楼房，作为传达室，那里有第二道校门。传达室南北两侧是平房，用作校办厂。
第一道校门西侧也有一些房子，全是平房，其中第一间也是校办厂的，其他是民房。
校门北侧是一片操场，操场北侧有两幢楼房，东面那幢是办公楼，共 3 层，西面那幢是多功能楼，共 2 层。
这两幢楼的北面是一幢教学楼，共 4 层；再向北有一片预留的操场用地。1996 年因建设北环路，这片预留用地被征用了。

问：这次搬迁，除了解决安全问题外，还有什么变化？

答：一是校园变大了，原来占地 2974 平方米，建筑面积 2060.68 平方米；搬迁后占地 7800 平方米（不含预留操场用地），建筑面积 3548 平方米；其次是校舍变新了，教学大楼、办公大楼高大雄伟、宽敞明亮，外墙都贴了当时流行的马赛克；三是设施升级了，增加了 48 台语音设备，64 台 286、386、586 多媒体微机，钢琴，投影仪等教学器材，建起语音室、电脑室、书法美术室、图书阅览室、音乐室、自然实验室、电子教室和健身舞蹈房，尤其是增加了计算机设备，这为后来的计算机特色教育奠定了基础；四是招生规模也扩大了，搬迁后，全校开设 21 个教学班，学生 914 名，教职员工 50 余名。

1999 年因为幼儿园分出去了，全校设 18 个班，学生 802 名。全校教师共 40 名。

问：2008 年学校为何又搬迁了一次？

答：2007 年，因为齐门桥北面要建沪宁铁路的下穿隧道，地面道路必须向两边拓展，妨碍到了齐门小学的西北角。本来如果齐门小学东侧南田村几幢住宅的居民都愿意搬迁，学校只要拆除影响拓宽工程的部分，再从南部区域向东拓展一块就行了。遗憾的是，那几幢居民不愿搬迁，政府部门只能整体移建学校，即将学校从南田村居民住宅楼的西面移建到东面，移动距离也就 60 多米。新校区建设 2008 年启用，门牌号沿用东汇路 7-9 号，占地面积变为 14069 平方米，建筑面积 13788 平方米。搬迁后，第二次建造的校园就拆除了。

当然，这次移建后，校舍和设施进一步提档升级了。校舍主体建筑高 3—5 层，从空中上北下南俯瞰，主体建筑呈"E"字形，连成一体的教学楼分别被命名为"崇文楼"（中部东西向教学楼）、"崇礼楼"（北部东西向教学楼）、"崇真楼"（西部南北向教学楼）、"崇贤楼"（南部东西向办公楼），里面除普通教室外，还有多媒体教室、美术室、音乐室、舞蹈房、图书阅览室、科学实验室、科学探究室、劳技室、室内活动室等设施设备。主体建筑北面还有 1—2 层高的附房作为食堂。

也是从这次移建起，为保护学校的历史文化资源，经平江区政府批准，学校恢复了"崇道小学"的名字。

问：学校有些什么特色教育？

答：早先的说不清了，也没有记载。在我看来有下面几个：

一是 1986 年起开展的少年军校活动，持续了 10 多年。那时候，学校每个学生每学期都要参加一天军训，地点在苏州市第一干休所，军训主要内容包括队列、操练等。家长们很欢迎，认为可以让孩子懂规矩，也可以培养他们的吃苦精神。

二是艺术教育。我们依托教师中的人才资源和社区力量，开展布贴画、篆刻、国画教育等艺术教育，到 1999 年，就有近百名学生的书画作品获得全国和省市比赛的大奖，学校连续 4 年获得《少儿书画》杂志社等举办的全国"双龙杯"书画比赛集体二等奖。

三是作文特色教学，上百名学生获得全国、省、市作文比赛的大奖。

四是计算机教学，在此基础上不断拓展，成为苏州市青少年科技教育特色学校，经常开展航模、车模、创客等科技活动。

近年学校还成立了"崇道娃吴门医派研究所"、中医博物馆德育教育基地、中医香囊社团，主要目的是弘扬吴门医道。

问：齐门小学的计算机教学一度很轰动，能说说相关情况吗？

答：从 1993 年搬迁后，齐门小学在计算机辅助教学方面，确实影响很大。

当时，我和平江区教育局教研室主任杨大龙一起主编了一本《小学生学电脑》，是当时全国第一本小学电脑学习教材，由江苏教育出版社出版，作为小学生学电脑的普及教材，列入教材征订目录。学校也成为苏州最早开展计算机教育的学校之一，不仅设备一流，教师还运用全新的计算机教育手段，辅助语、数等各科教学，提高了教学效果。那几年，我们对老师进行多轮培训，教会他们在教学中使用计算机，叶在壮、梅秀珍、章晓洁、许亢梅、蒯翙等老师还经常对外开课，连中央教育电视台也播出了我们的课堂教学视频。我主笔的计算机教育科研课题《减轻负担提高质量——计算机辅助语文教学初探》、参与的课题《计算机辅助教学形态研究》研究报告，分别于 1997 年和 2001 年获得苏州市第四次、第六次哲学社科优秀成果三等奖。这个奖起点较高，小学教师要拿这个奖是很难的。

经国家教委计算机研究中心推荐，我于 1995 年 7 月还专程赴英国伯明翰出席世界第六届计算机教育年会，登上讲台宣讲《减轻负担提高质量——计算机辅助语文教学初探》。这件事在苏州引起了很大的轰动，苏州日报、苏州电视台都多次报道。我个人也于 1999 年 9 月被苏州市教委评为苏州市教育科研学术带头人。

问：计算机教育对学校有什么影响？

答：当时电脑热开始兴起，许多家长都希望孩子能接受较好的计算机教育，因此，当时学校成了热门学校，报名时有家长连夜排队，学校规模也跟着逐渐扩大，搬到新址后第 3 年变成了 4 轨。另外，计算机教育还让学校找到了一位海外"姐妹"。

问：找到海外"姐妹"的具体情况是怎样的？

答：就是跟意大利 vigevano 第二小学缔结为姐妹学校，时间是 1998 年。最初是 1995 年参加世界计算机教育大会时，我的论文请苏州香雪海冰箱厂的英文翻译赵剑一先生帮助完成翻译。恰好当时和赵先生有联系的意大利压缩机制造商马里奥先生竞选成为 vigevano 第二小学的董事长，马里奥先生希望寻找中国学校开展交流合作，赵先生觉得我们学校的地理、人文环境以及教育情况比较适合，就联系了我，双方一拍即合。于是两所学校先后开展了"我的家庭""我的学校""我的家乡"画信交流活动，两校学生都用第二外语——英语进行交流。1998 年，双方的友好学校牌子同时挂牌，其中，中国驻意大利领事馆的领事亲临 vigevano 第二小学揭牌，在当地传为佳话。

2000 年 7 月，意大利组成教育文化交流团来访，我校组织了一次姐妹学校的正式揭牌仪式。意大利交流团还给我们带来了他们的姐妹学校挂牌仪式录像带。揭牌当天，学校的文化教育交流展览馆也正式开馆。

问：在崇道小学近百年的历史上，培养的优秀学子主要有哪些？

答：据我了解主要有 3 位。一位是著名作家苏童，1994 年学校举办 70 周年校庆时，他也应邀参加，还上台发了言，我记得当时他是脱稿讲的，话语不多，很谦虚。第二位是中国工程院院士殷瑞钰，他是钢铁冶金专家，历任唐山钢铁公司总工程师、副经理，河北省冶金厅厅长，冶金部总工程师、副部长，钢铁研究总院院长等。第三位是苏州大学研究员王文英，她生于 1939 年，是心理学家、心理素质测评专家，曾任苏州大学应用心理学研究所所长、硕士生导师。

如果深入调查，校友中优秀学子应该还有许多，希望崇道小学举办

100 周年校庆的时候能摸个清楚。

问：您觉得，崇道小学长期坚持的办学理念是什么？

答：崇道小学的校训是"崇道敬贤"，也就是崇教、道德、敬学、贤达。就办学理念问题，我和几任老校长以及现任校长徐文娟交流过，大家认为，应该是营造一个平等和谐的对话环境，这一理念与校训是密切相关的。

我们对这个理念是这样理解和诠释的：第一，以人为本，尊重每一个学生，人人平等；第二，树立"学生第一"的观念，挖掘潜能，赏识孩子；第三，通过"对话"探究知识，发现价值，承担责任。这些理念，其实是从先贤的教育理念中发展而来的，比如孔子说的"有教无类""爱人"、韩愈的"师者，传道授业解惑也"等，这也是我们校训的源头。

在这样的办学理念指引下，学校进一步制定学校发展目标和师生发展目标。首先借助课改契机，加强教学理论学习，抓实课堂教研，促进教师专业发展，形成自主的队伍建设。以激活教师主动和谐发展的内驱力为主要策略，以开展教育科研为重要手段，以青年教师发展为重点，努力建设素质优良并具有奉献和创造精神的教师队伍。其次，在学校的各项教育教学活动、综合实践活动中，以学生发展为本，充分挖掘每位师生的潜能，培养具有健全人格和独立个性的受社会认可的现代合格公民。通过加强学生公民素养的培养，引导学生"存善心""行善事""说好话""做好人"，同时具备健康的体魄和积极的心理素质，并养成良好的学习习惯、行为习惯，保持学习的积极性与主动性。总之，就是努力把学校建设成为教师乐教、学生愿学、家长满意、具有地域特色的公办学校。

专访苏州市齐门小学校 1975 届毕业生苏童

口述者：苏童（原名童忠贵）
访录整理：施晓平
访谈时间：2017 年 7 月 2 日
访谈地点：苏州市吴中区太旅集团从席家花园开往园博园的游船上

问：您读书的时候，崇道小学叫什么名字？为什么选择读这所学校？

答：当时叫齐门小学。我家那时候住齐门外大街 127 号，合成化工厂对面。齐门小学在我家北面，门牌号是齐门外大街 138 号。我家和学校的距离不足 200 米，走过去一会儿就到了。有时放学时天下雨了，我就跑着回家，到家衣服都基本不会淋湿的。

那时候人们还没有择校的想法，一般都是就近入学的，所以我小学就读这所学校了。

问：您是哪一年入学、哪一年毕业的？

答：1969 年秋入学，1975 年夏毕业。当时的小学也是六年制的。

苏童近影

问：入学时有没有什么印象深刻的事?

答：当时还在"文革"时期，入学前父母带我去照相馆拍了张全身照，照片上我身穿黄布仿制的军装，手执一本"红宝书"放在胸前，咧着嘴快乐地笑着，这张照片后来成为我人生最初阶段的留念。

问：您有没有在这所小学读幼儿园?

答：没有，我没有读过幼儿园。那时候齐门小学也没有幼儿园。

问：听说您读小学时曾生过一次大病?

答：是的。那是我读二年级的时候，患了严重的肾炎和并发性败血症，不得不休学在家半年。

但这次休学并没有影响我升级。身体康复后，我还是跟着同班同学一起读，因为老师觉得我比较聪明，不用留级。

不过那次生病让我尝到了恐惧死亡的滋味。可能正是这种体验，使得我的作品中经常弥漫着一种生命的脆弱和不确定性，以及人对死亡恐惧的氛围。

问：您对学校哪些建筑、设施印象比较深?

答：当时学校在齐门外大街东侧。校门口向东是一个大教堂。大教堂东部被隔出来，用作教师的办公室，面积要占据大教堂的五分之一左右。剩余部分就用作礼堂，开会、活动时用。

门房间（门卫室）当时在校门南侧，教堂南侧、门房间东侧有一条东西向的巷子，穿过这条巷子可以看到一片小操场。操场北面是 5 间东西向的教室，应该是 20 世纪 50 年代盖的；这 5 间教室的西北面又有几间教室，应该是 20 世纪 40 年代盖的，跟 5 间教室形成一个类似四合院式的格局，四合院的院子也是片小操场。

5 间教室的东面有一间厕所，是老式的，在木板上面挖了孔，孔下面很深。在 5 间教室的东南面后来还建了个新厕所。

厕所东面有一幢小洋楼，是 20 世纪 20 年代盖的，上下两层，是很标准的欧式洋楼。估计当时那个教会是很有钱的教会，所以房子盖得很好，原先是给传教士住的。我对这幢房子印象特别深，楼梯上去，中间是个客厅，两侧是大房间，大概有 3 个卧室。我们读书的时候地板还好好的。当时一楼是一年级的两个教室；楼上是两个老师的宿舍。一个老师是我的启蒙班主任陈佩定，她是苏州郊县人，平时就带着女儿住在学校；还有一个老师是年轻男教师。

到了二年级我们就从那幢洋楼的底楼搬走了，两间教室也就用作教师的办公室了。记得三年级我们是搬到 20 世纪 50 年代盖的教室里上课的。

问：除建筑外，学校还有什么东西给您留下深刻印象吗？

答：还有两棵树。校门口是一棵紫荆花，已经有些年纪了，在当时的苏州城区不多见，所以我们小时候常去拍它的叶子。

还有一棵老的棕榈树，在门房间东面墙角旁，当时苏州一般的学校也见不到这种老棕榈树的。齐门小学因为以前是教堂，所以气息和其他学校不太一样。

问：您读书时学校规模大不大？

答：不大的，印象中每个年级也就两个班。当时教室也没多少，一共就 10 多个。

问：对学校里哪些老师还有印象？

答：当时的校长是段威年。现在我的启蒙老师陈佩定已经去世了，当年教我的时候她年纪就很大了。其他一些老师应该都还健在，前几年听说他们都还一起活动，其中一个男老师叫时东平，当过我几年班主任；孟玲玲当时刚分过去，教我们数学。

问：当时您对哪个老师印象最深？

答：李美玲。她做过我的数学老师，特别喜欢我，很照顾我，我生病了，她经常来嘘寒问暖。她也是当时学校里年纪最大的老师。

问：您在小学时有没有做过班干部？

答：做过啊，好像还做过一年大队长，记得戴过三条杠的。后来就不做了，原因是有些人说，我这个小孩不太热心公共事务。

问：那您当时热心什么呢？比如学习？创作？或者其他？

答：也没热心什么，当时还是小孩子，不太懂事，稀里糊涂的。

问：您小学里各门课成绩如何？作文是否经常被作为范文朗读或张贴？小学经历对您走上创作之路有没有影响？

答：各门功课的成绩谈不上最好，但也还可以。作文确实是比较好的，许多词句经常被画圈，因此许多教师都知道我。但当时并不拿学生的作文作为范文朗读或张贴出来的。直到后来读中学，我的作文才被作为范文张榜展览，我还曾代表学校到南京参加江苏省的中学生作文竞赛。

问：后来您去过母校吗？

答：去过，但次数不多。记得我外甥女小时候也在那所小学读书，有一次我为接她而去了一次。那次走进校门，我一眼看见了熟悉的礼堂，许多往事一下掠过眼前，我的脚步神奇地变得恍惚不定了。我想继续往校园深处走，但走了没多远恰好看见段威年校长从办公室出来，那个熟悉的身影不知为何使我望而却步。大概在几秒钟的犹豫之后，我慌慌张张地退到了小学的大门外。

1994 年，我收到了参加母校校庆 70 周年的邀请函。得知母校竟然有这么长的历史，我心里顿时生出了一些自豪感。但那段时间我正好琐事缠身，就不太想去参加。我父亲在电话里的一句话使我改变了主意，他说："他们只要半天时间，半天时间你也抽不出来吗？"

于是我踏上了返回苏州的火车。

问：还记得参加那次校庆的情形吗？

答：当时母校刚搬到东汇路不久，我侄子还在那里上学。到母校后发现场面很热烈，孩子们吹奏着乐曲欢迎参加活动的校友和来宾。后来我遇见了李美玲，她早已退休在家了。她紧紧握着我的手说，要是在大街上，她肯定认不出我来了，还说我小时候特别文静，像个女孩子。

穿过走廊来到另一个教室，那里有更多教过我的老师注视着我。我眼前浮现出在校学习时的一次春游的情景，李美玲老师也是这样握着我的手，把我领到卡车司机室里，对司机说："这孩子生病刚好，让他坐在你旁边。"

总之，母校的建筑、母校的人，都让我倍感亲切。

问：您对母校有什么寄语？

答：母校以前就是一所好学校，现在也是一所不错的学校。希望母校越办越好，希望学弟学妹们成才。

感谢名单（排名不分先后）

柳新元	姚竞春	孙丽华	程韫瑚	黄进之	严凌河
张国强	顾 卫	高 群	谭金土	祁金平	袁 亦
陈依群	张 红	施小玲	毛蓉芳	张忠华	俞 雷
方 芳	邹 群	孟 洁	陈 筠	李娴秋	邹 玮
朱晓宇	胡 敏	李 莹	邱雯燕	钱 佶	沈莲红
许 芸	孙旭春	彭 坚	王佩娟	孙建中	叶小玲
凌三南	陈雪均	李天戟	顾明明	章兆真	杜 勰